# Pensées et autres maux

### Nouvelle version

FSC

www.fsc.org

**MIXTE**

Papier issu
de sources
responsables
Paper from
responsible sources

FSC® C105338

Edition :  BoD - Books on Demand,
12/14 rond-point des Champs Elysées, 75008 Paris
Impression :  BoD - Books on Demand GmbH,
Norderstedt, Allemagne
ISBN : 9782322017867
Dépôt légal : Mai 2015

# Pensées et autres maux

## Why'z Panthera

# Le silence est d'or, la parole est d'argent

Café décaféiné… Thé déthéiné… Lait sans lactose… Huile non grasse…
Syndromes de la société de consommation avide dirons-nous.

Alors, que penser de l'humanité déshumanisée… Du peuple acculturé… De l'existence dévitalisée… De la jeunesse désespérée… De la nature dénaturée..?

Des mots qui ne servent plus à dire, des phrases qui ne disent rien, des mots qui n'apportent plus rien.
Un langage muet...

Si la caféine n'est plus au café, la théine plus au thé, le lactose plus au lait, les lipides plus à l'huile, l'humain plus à l'humanité, la culture plus au peuple, la vie plus au vivant, l'espoir plus à la jeunesse...

Quelles sont ces valeurs en quoi les hommes tentent constamment de fonder leurs actions et la quête de l'espèce ?
Celui qui dit "respect" connait-il encore la valeur de ce concept ?

Celui qui dit "amour" connait-il encore l'implication de cette notion ?
Trop de gens disent "je t'aime" et tuent leur amour
Trop de gens disent "respectons l'homme" et achèvent leur égal sur le bord de la route…

Trop de gens usent des mots comme de clés pour ouvrir des portes dont ils ignorent les codes véritables dans l'antre de Pandore…

Le silence est d'or, la parole est d'argent, alors pour une fois, SOYONS CUPIDES et visons l'or plutôt que d'employer létalement une vertu si humble qu'elle accepte la lune plutôt que le soleil...

W.P

# Réflexion introductive

« *Sur le bord du Léthé méditait un damné.*
*Ses crimes, ses espoirs le poussaient vers le fleuve*
*Aussi fort que l'asile appelle l'oublié.*
*[...]*
*Il avait une flamme et ne voulait l'éteindre ;*
*Il avait une main qu'il ne voulait lâcher ;*
*Un si doux souvenir à sauver de l'oubli.*
*Il refusait d'offrir au Léthé salvateur*
*La fougue, la passion qui rachetait encore*
*L'âme que les stigmates contraignaient aux chaînes.*
*[...]*
*Ainsi naquit celui qui refusa l'oubli,*
*Et monta du Léthé en un chant de mémoire*
*La liturgie des larmes ; un sourire éternel... »*

Memento

« *Abîmes où cachez-vous les mots que je recherche,*
*Mon grimoire est usé, les formules s'échappent...*

*Je ne vois plus les sorts qui posaient un sourire*
*Où la dent du Cerbère envenime l'ouvrage ;*

*Je ne sais comment voir l'astre de l'Amérique*
*Et suis contrainte au noir d'un flambeau trop honnête.*
*Où est la cantharide des rêves ternis ?*
*La noosphère fane et me ferme ses portes...*

*Je veux humer encore ce poison, cette joie,*
*La fausseté d'un monde où s'enterrent les sages ;*
*Je veux rêver encore à la jeune vigueur*
*Cependant que l'orage emporte le pétale.*

*Quête damnée du faux pour mentir au réel ;*
*Parcourir les méandres et y trouver Euphore ;*
*Souvenir de l'aurore où les astres s'endorment… »*

Alogos

Il n'est d'homme qui ne se construise sur les ruines du passé, sur les balbutiements qui jadis lui semblaient tout un monde. Souvent, il s'avère difficile d'accepter qu'une page a été tournée dans notre existence. Cependant, la vie même nous impose cette étape récurrente, sorte d'archivage progressif, comme s'il nous était demandé de quitter la vie, parfois, un instant, de nous poser et de reconsidérer tout le chemin parcouru jusque-là…

Certains disent que les meilleurs moments de l'existence sont tous les moments de liesse partagés avec ceux qu'on aime ; que ces moments sont les seuls constitutifs de la mémoire, et par conséquent, de l'identité des individus. Ils pensent que Descartes péchait de ne plutôt déclarer : « Je ris donc je suis ». Mais, que faire dans ce cas de toutes ces larmes qui édifient des montagnes ? des rivières d'infortune qui permirent à l'être égaré de rejoindre le port du royaume de l'espoir ? Le camaïeu du jour et celui de la vie, au concerto de l'aube, qui sait tout aussi bien se faire crépuscule, illuminent le jour des rêves de la nuit…

Parce qu'il est un matin comme il y a un soir, parce qu'il est un aval comme il est un amont, l'être humain tire force des victoires et failles. Au premier de ses jours, les larmes et les cris étaient motifs de joie ; de peines et de joies se nourrit le soleil. Or, avançant dans la vie il semble oublier la parfaite alchimie qui fait que dans la pluie les cœurs brûlent encore des flammes du beau temps.

Il n'y a pas un jour où la vie n'a de sens, il n'y a que des jours dont on ignore le sens. Parfois nos pas nous mènent vers des aventures insoupçonnées, des moments inoubliables qu'on aurait oubliés avant même de les vivre, parce qu'on se dit trop souvent que la vie est un plan et qu'il suffit de lire, nul ne sait vraiment où, pour anticiper les étapes, calculer les chemins, paver la route de tous les espoirs vifs qu'on voudrait concrétiser. Mais « l'enfer est pavé de bonnes intentions », comme d'aucun dirait. Vouloir faire de la vie un calcul incessant en ternirait l'éclat ; il n'y aurait que nuits et journées vides de sens, que couleurs sans chaleur, que paroles sans message…

*« Vouloir vivre est un cri que poussent toutes les âmes*
*Depuis leur premier jour jusqu'à l'envol de l'âme ;*
*Vouloir vivre à tout prix et se donner la mort*
*Tant l'espoir est aveugle et sonne le glas du cor.*
*L'espérance de nos vies se joue et se régale*
*Par les leurres qui s'envolent quand les mains tendent folles*
*Vers cet heur bien meilleur qu'elles miroitent à l'envie.*
*Mais ils ne sont qu'images et des déboires se rient. »*
Angoissante espérance dont s'abreuvent les cœurs

Il ne suffit toutefois pas de rêver et d'oublier la vie, de perdre ses instants dans une passivité qui vainement mènerait à perdre les richesses que présente la vie. Parce que, comme celui dont le faste est l'oxygène, nous passerions bien loin des richesses essentielles que pourtant la vie porte à nos regards sur un plateau d'argent. Relâcher la pression pour pouvoir repartir, faire entorse à la règle de l'action exclusive et s'en porter bien mieux, car celui qui comme le roseau accepte de plier peut bien se relever. À quoi bon s'acharner comme un bois d'acajou à resserrer les brides des chevaux du temps qui continuent leur course folle ? Ils chargent vers un infini que nul n'effacera, et nous les voyons passer, chacun attelé irréversiblement aux fils de nos vies noués par les Moires sur leurs montures. Ils chargent vers jamais et nous sommes impuissants face au temps qui passe, qui coule, qui s'enfuit…

Que reste-t-il à l'éphémère qui n'a qu'une bribe d'existence en ce bas monde ? Que reste-t-il à un être périssable si ce n'est la mémoire ? Éternité de l'éphémère, elle construit des légendes, érige des empires, construit des souvenirs. Ainsi, plutôt que de lutter pour une cause vaine, bâtissons la mémoire de nos vies, de nos heurs, la seule force de l'humain qui veut traverser les ères. Les bons moments comme les moments de peine ont leur place dans la réminiscence. Ainsi va l'être invincible qui a compris que le secret d'une vie accomplie réside dans la faculté de l'homme à sublimer chaque instant, chaque seconde, pour établir le sanctuaire salvateur où il reviendra vaquer à ses heures ; le sanctuaire de ses joies et celui de ses peurs, celui de son passé et de son avenir, où foisonnent ses forces ainsi que ses faiblesses ; le sanctuaire unique d'une vie singulière ; l'essence de l'humain qui sait voir la beauté.

*« Moi qui vis tant de choses et perdis la lumière,*
*Moi qui vois le regret, le trouble de l'oubli,*
*J'ai acquis la fierté du majestueux éclair*
*Qui au gré des caprices illumine la nuit.*
*Ma mémoire n'est fidèle qu'à son puissant contraire,*
*Mais cet éclat futile m'assure mon vécu.*
*Qu'il est bon de sentir le savoir éphémère ;*
*Mieux vaut tout oublier que ne rien avoir su… »*
L'oubli, mon existence

Il faut savoir saisir l'instant alors qu'il se présente, dire bonjour au rêve quand vient l'heure de la nuit et donc laisser au jour son empire sur la veille. Il faut saisir la fleur quand elle s'épanouit encore, ne pas lui demander, quand son heure est passée, de reproduire l'éclat de sa prime jeunesse. Convions le bonheur au festin de nos jours lorsqu'il passe impromptu nous conter la fortune. Ainsi la nostalgie sera une force vive qui donnera courage à celui qui pourra regarder derrière lui les traces de son passé et se dire, satisfait, qu'il aura bien vécu. Pauvre sera celui dont le souvenir sera fait de lacunes, de regrets et autres frustrations ; la réminiscence ne sera pour lui qu'un supplice incessant d'avoir eu une vie, de l'avoir ignorée…

Il est essentiel de refaire parfois ce travail de rétrospection, de quitter un peu la vie pour ouvrir la porte à la contemplation, à une posture qui, en même temps qu'elle nous soustrait de l'urgence, nous ouvre à des perspectives qu'on ne saurait apprécier avec les visières de la vie. C'est ainsi qu'on ressent la chaleur des souvenirs, qu'on peut repenser ses acquis et les ré-exploiter, qu'on s'égaie des petits riens qui sont en fait le tout de l'existence, qu'on peut apprécier son parcours avec ses périodes de transition qui montrent, non pas que la route n'est pas correctement rectiligne, symbole même d'une vie inaccomplie, mais au contraire que l'on se développe et qu'on s'enrichit de chaque rencontre, de chaque épreuve, de chaque victoire, de chaque échec, de chaque étape, de chaque mot, de tous les maux de sa vie...

*Ainsi que le vivant qui vers ailleurs se tourne*
*Dans l'objectif ultime d'arriver à son cœur ;*
*Ainsi que l'éphémère qui l'achromie contourne*
*Afin de sublimer son retour vers Harfleur,*

*L'argile se fait montagne pour sublimer la plaine*
*Par un plateau immense qui en tient les vertus ;*
*L'aqueuse se fait nuage pour parfaire la Reine*
*Hydrophile à ses heures, rendant liquides les nues.*

*Aux Colosses d'argile que la montagne érige*
*En colonnes sublimes que si fier le ciel sied ;*
*Aux géantes figures que le soleil afflige...*
*Voir qu'au-delà du ciel la terre est à nos pieds...*
                              Aux colosses d'argile

« Memento mori », « souviens-toi que tu vas mourir »
répétait-on au Moyen-âge. Que la sagesse de ces mots anime
notre temps, il est bien grand temps que l'humain soit
l'essence des hommes et que l'acceptation conduise chacun
de nous à apprécier la vie plutôt qu'à s'éreinter à suivre des
chimères qui n'ont que trop usé de la faiblesse de l'homme.
Accepter que le temps ne nous appartient pas, voici le
premier pas d'une longue épopée ; l'épopée de l'humain qui
construit son bonheur ; l'épopée de celui qui saura vivre et
admirer l'instant, sans prêter au suivant les stigmates de
l'avant, sans reprocher au futur l'imperfection des rêves,
sans vouloir maintenir un ordre sans raison d'être, en
acceptant la vie comme une essence capricieuse et
passionnée à la fois, qui donne au cœur la satisfaction de ses
désirs profonds lorsqu'on sait l'aborder et l'effleurer du bout
du doigt. Une caresse légère comme une amante ardente,
énergie et douceur associées pour toujours... Ainsi, la vie
dévoile ses trésors, cachés si près de nos regards. Car il faut
aimer la vie et la craindre à la fois, l'admirer, la comprendre
pour créer un royaume où nul ne peut pâtir des douleurs de
la veille, des maux de l'existence ; où celui qui écoute
entendra la douce voix du jour qui lui dira combien le passé,
le présent, l'avenir et l'espoir ne sont pas des barrières, mais

des temps à combler de sagesse et de force pour que « les chrysanthèmes rougeoient comme des roses »*…

W.P
* *Sous le feu d'une étoile*, Why'z Panthera

# Post Pulvis

## Post pulvis
Après les cendres

Toi, homme, comment peux-tu dire que tu aimes
Le Soleil, si jamais dans ta vie tu n'as vu
Le Prince, vivant aux nues, escorté de ses gemmes,
Lorsque le ciel s'achromise et s'ôte de nos vues ?

Peux-tu vraiment prétendre savoir qu'est-ce que
La vie, si jamais de tes yeux, non, tu ne vis
La mort, le vampire, qui de nous, simiesques
Se nourrit goutte à goutte ; nous ôte notre vie ?

Dis le moi, si tu sais comment viser le bien
Sans qu'une simple seconde on découvrit le mal ?
Pourrais-tu me dire, sans du néant savoir rien,
Ce que tu sais du plein ; me vanter l'idéal ?

La vie la plus réelle qu'on peut espérer
S'obtient uniquement après qu'on ait connu
La mort la plus complète qu'on peut escompter,
La vraie qui de nos veines laisse le cœur à nu.

Ô approchez, ténèbres qui me donnez des ailes !
Ô oui je sais que sans vous, ma vie n'est qu'écaille !
Car il n'est point d'usage d'adorer les étoiles
Avant d'avoir connu de la terre les entrailles...

## Abyssus abyssum invocat
### L'abîme appelle l'abîme

Vois que tu t'enlises, pauvre Homme mon ami !
Tu es semblable à ces êtres qui se débattent
En d'inutiles efforts contre leur envie ;
Vaines tentatives contre l'hymne automate...

Confortes-tu l'espoir de t'en extraire ainsi,
- De cette bourbe immonde qui assaille ton corps, -
En te tordant par-ci, par-là et par ici ?
Confortes-tu l'espoir de t'en aller encore...

À quoi sert ta tête si s'emballe ton cœur ?
Si tes bras tant s'agitent et tes moues sont d'effroi ?
Hélas tu t'abandonnes aux griffes de la peur.
Que monte jamais ton âme ; fleurisse ton émoi !

Pauvre ! En ton simple appareil, vois que tu ne puis
Refermer le gouffre qui s'ouvre sous tes pieds.
Cet immense trou béant te jette aux ennuis
Car tu poursuis ta lutte telle que commencée...

Trop tard pour te pauser, pour éviter la chute,
- Dans ce lieu que tu crains, débats à rien ne riment.-
Et voilà que de cascades à dans rechutes
Tu gis. Hélas, l'abîme emmène l'abîme...

### Des cris dans le désert

À quoi sert donc la voix de l'être en retranchement
Ou de celui qui hurle et jamais on n'entend ?
Aussi fortes soient-elles, ces voix n'en forment qu'une :
Celle même du néant à l'oreille en lacune.

Heureuse cette voix qui s'élevant résonne
Dans un corps, dans un cœur qui l'entendant frissonne.
Cette voix fait vibrer les méandres sacrés
Qui à son audition se sentent consacrés.

Mais la voix qui ronronne ou jamais n'est ouïe,
Quelle en est la valeur, est-elle même épanouie ?
Cette voix qu'on n'entend n'est qu'en marre une pierre ;
Elle n'est ni plus ni moins que cris dans le désert…

## Aux ailes enchaînées

Qui n'a jamais vu l'oiseau à la cheville liée
Exténué, fatigué s'arrêter de voler ?
Qui donc n'a jamais vu des ailes d'envergure
Plutôt que de s'ébattre s'abattre de côté ?

Ainsi est le faucon dont la terre est la chaîne,
Il s'élance et retombe, s'élance puis retombe.
Et au jour de l'excès, las de tous ces déboires
Il s'affaisse. Plus de vaines pérégrinations.

La chaîne à sa cheville le contraint à l'asphalte,
À quoi bon son plumage miroitant devant l'astre ?
L'aile d'or et de feu n'étant plus qu'ornement,
À quoi bon cette lutte pour l'inaccessible ?

Mais son cœur se souvient de sa nature d'air
Et contraint les yeux bleus à aduler le ciel.
Toute l'âme tend aux nues pendant que le corps meurt,
Quand bien même la limite serait de fer, d'acier.

Ereintante est la quête de l'éther impossible
Et l'oiseau se morfond en un schisme mortel.
Terre l'attache et l'enserre, l'empêchant de voler,
Or le blâme lui revient de s'étendre en ce sol…

## Prémices d'un nouveau jour

Que trop d'ombres en ces jours ont habité mon antre.
Que de cris de martyrs s'emparèrent de mon ventre…
Mais, Soleil, je te suis, l'idéal se précise
À mon cœur consumé par les relents de peine.

Renouveau, je te clame, mes cendres se ravivent !
La naissance récurrente m'arrache à l'aphasie
Où mon court camaïeu n'étayait que le bleu ;
Renouveau de ma vie, mon être te réclame !

Le bougon assombri ne broiera que du noir,
Qu'il évoque la pluie ou encore le beau temps.
Or, bonifiant son heur, le rayon vient à lui,
Car il comble en lacune le donjon de sa vie.

Souffle viens à mon nez qui balais les effluves
De la fragrance amère de la mélancolie !
Souffle sois messager du bonheur immortel,
Tout mon être t'espère et en secret t'appelle !

Trop de plaintes en torrents dans mes lamentations
Ont inondé mon antre qui plus d'air ne retient…
Mon esprit réclame vie et mon cri se déploie,
Gémissement du phœnix qui renaît de ses cendres…

## Un souffle

J'aimerais partir loin, très loin vers l'horizon ;
M'en aller vers ailleurs et vivre au diapason
De la vie juste et vraie, de l'heure jamais pressée,
L'extrême véridique, et l'être non faussé.

J'aimerais m'élever au-delà de la brume
Qui par bien trop d'ardeurs prend mon cœur, le consume.
La brume devient bourrasque et m'entraîne en son sein
Dans une ronde obscure, un tourbillon malsain.

Ainsi de mon être ne demeure que la rime.
Plus d'émoi, plus de joie, l'ouragan me comprime.
Les autres dans la brume jurent par celeritas,
Ils en vivent, ils en meurent mais oublient veritas.

L'air me quitte, il s'enfuit mais jamais ne revient.
Asphyxiée, égarée, mes repères ne sont rien.
Tout va vite, trop vite et tout glisse en avant,
Laissant aux oubliettes les rêves d'enfant...

J'aimerais partir loin, très loin, à toutes jambes ;
Gravir des hauts, des monts, laisser les catacombes.
Je veux voir le sommet pour lequel je m'essouffle,
Sentir l'air me manquer et reprendre mon souffle...

## Mon île dans mon exil

Une couleur, une musique, une coutume, une voix
Voici les attributs qui qualifient mon île.
Elle est vive, impulsive, son murmure est Roi ;
Dans mon sang, dans mes veines son essence se compile.

Du vitrail qui m'emporte ma vision s'atrophie.
Je ne vois de mon île que les bras qui se tendent
Vers mon cœur qui s'éloigne promptement de son nid ;
Vers mon âme transportée par les ailes qui s'étendent.

M'éloignant, les senteurs me paraissent volatiles,
Elles s'oublient, se dissipent dans un flou de mémoire
Qui s'accroche à ma peau dans un espoir futile
D'atteindre d'autres cieux ; de vivre l'illusoire.

La mémoire de mon nid s'approprie mon esprit.
Mes yeux fixent mon cœur, ils regardent ma terre
Que je quitte, que je trouve en allant vers ma vie.
Mes yeux tissent les liens qui imprègnent mes vers.

M'en allant vers ailleurs, je ne suis que l'ensemble
Des couleurs, des coutumes de mon île de flamme ;
Des musiques, de la voix de ma terre d'érable
Dont le chant me subjugue. Palimpsestes en mon âme…

### Eartiz Paradise
#### La terre est le Paradis

J'aimerais toujours vivre sans la mort aux trousses.
J'aimerais respirer sans jamais m'arrêter.
Que rêve serait le monde sans folle humanité
Errant à sa guise, croyant être la rescousse

D'une terre qui périt. Loin d'eux la main fautive !
Ils sont bien entendu innocents de l'enfant
Jusqu'à l'adulte, qui ne peut faire autrement
Qu'entamer à souhait sa matrice attentive

Dont l'unique méfait fut d'adorer sa chair.
Que de fois j'ai rêvé d'un futur idéal
Où les hommes, en grands frères d'un paradis mondial,
Sèmeraient de la vie plutôt que mort en terre !

Ce n'est point Volonté, mais Savoir qui leur manque
Pour qu'ils trouvent un beau jour l'équilibre des forces
Essentielles à la vie, déréglées sur l'écorce
Grabataire, impotente, vestige d'une époque

Où nul homme ne souhaitait ni la voûte ni le creux,
Mais l'accord de sa mère et ses frères d'autres peaux.
Grande serait ma joie si un jour mes égaux
Voyaient loin de là-haut le paradis chez eux !

## L'agir peut tout selon l'esprit qui l'anime

Vrai, les hommes sont bien trop malhabiles.
Mais l'effort soutenu mène à la rédemption.
Les moins parfaits des êtres sont les plus perfectibles,
Et vers cette perfection ont tendu bien des noms.

Vers ce futur idéal, des voix se sont levées ;
Des mains se sont tendues ; des yeux se sont rivés.
Tant de vies consacrées à l'utopie rêvée ;
Tant de cœurs révoltés las d'être malmenés…

Oui, bien des noms ont souhaité établir l'idéal ;
Des hommes luttent encore pour atteindre la vie.
Bien des cœurs gardent espoir que bientôt nos étals
Auront comme garnison les fruits de l'harmonie.

Mais le futur n'est forgé que par notre présent.
L'avenir commence dès aujourd'hui chez nous.
Toutes les voies sont tracées qui conduisent à l'Eden.
Tant de mains sont tendues, alors qu'attendons-nous ?

C'est par nos actes que nous changerons nos vies.
Le passé est gravé mais demain nous sourit.
Cette main qui longtemps a bâti l'Enfer
Peut demain être celle qui créera l'Ether…

## L'espérance de l'idylle plutôt que son regret

Juste une lueur, juste un aperçu.
Voici ce que permet l'étendue d'un regard
Qui trop longtemps a gardé les ténèbres en vue :
Une simple griffure qui aussitôt repart.

Heureux est le vivant qui pour toujours contemple
L'étendue de l'éther qui l'empli de lumière !
Mon regard est de ceux qui jamais ne contemplent
Autre que l'achromie, ma garde prisonnière.

Quelquefois une esquisse d'un plaisant bonheur
Se profile à l'horizon et force ma course.
Dans l'espoir je m'élance, mains vers le bon heur.
Mais à peine j'y arrive que la plaie se panse…

L'espérance en l'idylle que jamais on atteint
Est la chance des vivants, le phare jamais éteint.
Mais mon sort est tout autre, on ne peut plus cruel !
Je contemple l'idylle et sitôt il s'épelle !

Heureux celui qui cherche un éternel bonheur
Sans jamais le trouver ! Car le sublime malheur
C'est goûter un instant l'idéale utopie
Et se la voir ôter ! En souffrance il n'est pis !...

## S'élevant vers le ciel, un cœur au désespoir

L'heure noire se fait claire dans certains coins du monde ;
Un faciès est au jour cependant qu'autre pleure.
De peines et de joies se répand la rivière,
Et la lumière se lève sur les larmes du monde.

Tous les désemparés sont autant de vampires
Que le soleil écorche par lambeaux de chairs.
Les rayons se révèlent au monde pour tous,
Tant pour les bien-portants que les fils de la lune…

Céleste, vois tes enfants qui te tendent les mains ;
Leur désespérance quand point le lendemain !
Vois des hommes les cœurs au comble de la gloire
Au palais de Douleur ; les pleurs en offertoire !

Mater de l'univers sublime ton pouvoir
Afin que plus de larmes s'écoulent dans les cœurs !
Tes enfants croient en toi et te donnent leur âme
Dans un espoir de vie qui réside en ta flamme !

Œil du ciel vois la terre, cette matière meuble
Qui formole les cœurs des enfants de la Terre !
Œil qui voit l'invisible au-delà de la vue,
Que le noir soit au jour ; que l'espoir soit en vie !

Il survient un moment où les cœurs éprouvés
Cessent d'être habités par l'idylle éphémère.
Il survient un moment de vérité ultime
Où le voile s'estompe et les cœurs se révoltent.

Remets aux lèvres voix pour que règne la vie
Dans le sein des hommes qui en toi voient l'éther
Salvateur d'Espérance qui réclame l'humain,
La chaleur immiscée au fin fond de nos âmes !

Donne aux hommes savoir de l'idylle sans nuits ;
Donne aux cœurs l'espérance qui nourrit les entrailles ;
Donne aux êtres l'image qui anime leur course ;
Donne aux vils l'impression de t'être encore utiles !...

## Ultime volonté d'une vie désabusée

Si ma vie ne fut belle, j'aimerais, s'il-te-plait,
Offrir à mon esprit l'extrême sépulture.
Aussi belle que mon heure fut dépourvue d'azur,
Aussi claire que mon temps fut tourmenté et niais.

J'aimerais rattraper ce qui m'a toujours fui.
— La gloire insaisissable s'éloignant lestement,
Le projecteur trompeur m'ignorant constamment. —
J'aimerais recouvrer ce que la vie m'a pris.

Autant je fus commune et amie du décor,
- Du temps où j'effleurais le plancher impalpable, -
Alors que le cor sonne à ma gloire improbable,
Autant je veux briller et parer mon corps d'or.

J'aimerais compenser par une nuit d'étoiles
La pièce avortée d'un auteur peu subtil.
Comme un dernier hommage rendu à l'œuvre vile,
J'aimerais que les Parques animent cette toile.

Pour que toujours ma mort se venge de ma vie,
Permets-moi d'élever la dernière de mes heures.
Laisse-moi te combler du souffle de mon cœur
Pour que mon dernier cri jaillisse de l'oubli…

## Le châtiment de l'idolâtrie

C'est ainsi qu'un beau jour m'en allant,
Par un temps comme votre printemps,
Je surpris à mon grand étonnement,
Un couple, Jeanne d'Arc admirant.

La femme et l'homme tout heureux songeaient :
« De notre fille, voici le reflet ! »
Mais de l'idole qu'ils admiraient,
Ô que savaient-ils vraiment en fait ?

Quelques broutilles que l'on apprenait :
Jeanne d'Arc pour la France et la Paix !
Fille prodige que les dieux envoyaient !
Et d'autres qu'à lors je ne savais.

Et un jour enfin vint cette enfant
Si tant espérée de ses parents.
Ô qu'elle éclairait leur firmament
Avec ses regards tous de diamant !

Et de plus en plus d'années passaient
Hélas aucun charme n'advenait.
Mais ses parents déçus ignoraient
Qu'une contrariété on ne blâmait.

Ainsi de plus en plus ils priaient
Pour que se réalise leur souhait.
À force, le Ciel se résignait :
Bon ou mauvais augure s'annonçait.

C'est ainsi qu'un beau jour leur enfant,
Au destin de Jeanne se résignant,
Imita donc la fin de ses temps,
Mourant dans un énorme boucan...

## De la peine des chanceux

L'albatros de Baudelaire ne sait pas se mouvoir
Au-dessous des nuées, dans cette glaise immonde
Qui constitue l'idylle, l'idéal d'un bas monde
Avide de bassesses et de biens illusoires.

Car ses ailes de majeste ne peuvent dévoiler
L'envergure et la grâce dont l'oiseau est doté.
Au plumage la boue colle, infamie de disgrâce,
Elle s'accroche, malsaine, et l'oiseau demande grâce.

Il veut vite s'élever dans les cieux de pureté ;
Laisser aux vils leur sol jonché d'insanités.
Il veut vite s'envoler, s'en aller vers ailleurs
Où le mal ne fait l'heure ; où sécheront ses pleurs.

Car son corps lumineux, d'une envergure royale
Ne peut se déployer parmi ce peu d'esprit
Et cette mesquinerie, compagnon déloyal
Qui aiguise le tranchant et le retourne aussi.

L'albatros de Baudelaire est semblable en tous points
À tous ces hauts d'esprit dont la clarté ne sert
Car ils ne peuvent s'extraire de tous les moins que rien
Que la bêtise évide, avilit et dessert !

## Différents mais semblables

À quoi bon te cacher
Derrière tant d'artifices ?
Á quoi bon m'abaisser
Au rang de maléfice ?

Oh, tu perds la raison
À tant te méconnaître !
Comble de déraison,
Tu ignores ton Maître !

Nous l'avons en commun,
Même si tu cesses d'y croire,
Notre Mère à chacun.
— Outre conte illusoire ! —

Oui, je viens de partout
Où Terre est Mère des êtres.
Oui, je viens de ce tout
Formé de milliers d'êtres.

Tu viens bien de ce rien.
Regardes — sors du Soir, —
Ce visage qu'est le mien ;
Toi-même dans un miroir...

## Terremoto
### Tremblement de terre

Mais qu'y a-t-il, ô belle Terre,
As-tu froid ou bien as-tu chaud ?
Ou étouffes-tu dans un étau ?
Oui, dis-le moi, ma grabataire.

Les hommes s'effraient et veulent fuir
Ta peau qui part, ta peau qui vit,
Réduisant à néant des nuits
D'ouvrage, de labeur ; et des empires.

C'est pour cela qu'on te maudit :
Pour tes révoltes inattendues
Dont on ne sait ni l'étendue,
Ni, encore moins, le fait d'appui.

C'est pour cela que l'homme te blesse :
Car tu l'écorches tout autant,
Et qu'il ne peut, ton grand enfant,
Enfin admettre ta justesse.

Terre, un motif, un indice,
Là est tout ce qu'ils te demandent ;
Et ton alliance enfin commence
Avec ces hommes qui s'esquissent.

## Souffle excessif

Il y a aussi cela qui inquiète les hommes :
Quand d'un coup tu respires et déchaînes l'invisible.
On ne le voit certes pas mais on l'entend par zones,
Mugissant, tourmentant les âmes des sensibles.

Le souffle en cavalcade dévale monts, terres et mers.
Sur son aller tous frémissent et prient qu'il fuit au loin,
Jusqu'au-delà du monde et de toute entendeur,
Qu'ainsi plus un ne vive cette angoisse de la fin.

Contre cette force, impotents sont les muscles.
Pas même une seule espèce ne peut faire face au vent.
Pas même le grand Condor, ami de miss Rafale,
Et à peine floraison, à tous maux résistant.

Vent, dans ta forme cyclonique, tu dévastes
Tous leurs corps, mais aussi le fin fond de leurs cœurs,
Imprégnés à jamais de ton air enthousiaste
Par lequel tu te joues de ces êtres en terreur.

Et c'est ainsi qu'ensuite ils prennent leur revanche
En t'abominant un peu plus, toi Nature,
Créatrice de leurs maux, qui outrée et revêche,
Leur en renvoie un autre pour punir l'aventure...

## Le trouble du rêveur

Y a-t-il quelque oreille qui ait pitié du faible
Craignant trop la charrue et admirant les fables ?
Y a-t-il quelque oracle qui offre au poète
L'éternité du verbe au-delà de l'esthète ?

Volonté du rêveur dis-moi si tu existes ;
Montre-moi l'illusoire palais qui me résiste
Loin des instants de liesses, dans mes heures de veines.
Dis-le-moi si ma quête n'est qu'aspiration vaine…

En automate vil j'imite mes semblables
Or, au fond de l'argile ils demeurent innombrables,
Tous ces vœux ignorés de l'œil qui me regarde.
Dis-le-moi si tu vois les souhaits que je garde…

Cependant que mon cœur s'élève à l'inconnu,
J'espère une harmonie que nul n'a entendue.
- J'attends la symphonie de ta voix timorée. -
Gratifie le fébrile qui t'est dévoué ;

Répond à la plainte d'un féal de l'éther.
Aspiration rêveuse dis-moi quel est ce fer
Dont mon être est gravé alors que ma conscience
Projette à satiété les victoires de la science…

Matrice de mes rêves y a-t-il un refuge
Pour le rêvant fragile friand de subterfuges ?
Y a-t-il quelque philtre, quelque breuvage d'érable
Pour panser les aigreurs du bonheur improbable ?...

## Discours du romantique

Vous voulez m'imposer l'étau qui broie mon œuvre
Mais je ne puis céder. Voici-là mes excuses.
Mon écrit serait-il mon entière possession
Si les mots que j'emploie n'émanaient de mon cœur ?

Comprenez que ma voix est ma seule liberté
Et que nul ne saurait la réduire à néant.
Le vent est mon ami tant que ma voix s'élève,
Devrais-je renier la faiblesse de mes chaines ?

Le seul souffle accordé à l'âme malmenée
Parmi tous les rouages d'une vie d'emprunt ;
Le seul répit d'un être aux ailes fatiguées
Par les tourments brumeux de la réalité…

Car je désire atteindre la suprême harmonie
Comme tant avant moi et même encore après.
Alors laissez mes mots s'étendre et se mouvoir,
C'est mon unique souffle, ma seule liberté.

J'arrive par le verbe aux terres d'Utopie
Que le captif envie dans le fond de sa geôle.
Je m'accroche aux récifs du verbe salvateur
Dans les flots tiraillants de la célérité.

Vous voulez m'imposer des mots superficiels
Qui ne suscitent en moi nulle once d'émotion.
Mais mon cœur est rebelle et s'arrime au futile,
Particule de bonheur résistant à l'émoi…

**Âme éternelle**

Toi qui es en moi, ne m'a-t-on pas dit
Que tu étais propre à chacun ?
Tu m'habites durant ma vie et tu partiras.
Tu partiras lors de ma mort.

Tu vogueras dans les cieux, tel un oiseau de proie
Guettant sa nouvelle victime. Tu vogueras.
Tu passeras de corps en corps jusqu'à la fin des temps,
Sans jamais t'arrêter. Tu voyageras.

Tu voyageras jusqu'à la nuit des temps,
Eternellement. Oh ! Ame éternelle,
Âme de tous temps, âme d'aucun temps,
Âme de jamais, Ame de toujours…

Et mon corps redevenu poussière,
Nourrira les entrailles de la terre…

## Angoissante espérance dont s'abreuvent les cœurs

L'espoir, vie du monde s'approprie mon esprit ;
Il s'immisce, rongeur parcourant mes envies.
Il y fait des galeries qui mènent à mon essence
Et y verse le doute et une cuisante angoisse.

Vouloir vivre est un cri que poussent bien des âmes
Depuis leur premier jour jusqu'à l'envol de l'âme ;
Vouloir vivre à tout prix et se donner la mort
Tant l'espoir est aveugle et sonne le glas du cor.

L'espérance de nos vies se joue et se régale
Par les leurres qui fuient quand les mains tendent folles
Vers cet heur bien meilleur qu'elles admirent à l'envie.
Mais ils ne sont qu'images et des déboires se rient.

Animer l'automate d'un surpuissant espoir
Que même l'angoisse ne vainc, nutriment d'illusoire.
L'espoir n'est que jouxté par la nocive angoisse
Dont nos âmes sont féales, pliantes sous sa masse.

Or, l'espoir est la vie et l'angoisse est la mort,
Cependant nul ne cède, alliés de consort ;
L'espérance est aveugle et l'angoisse voit les cœurs
Dont les fibres palpitent pour s'imprégner encore…

**— homo Homini lupus**
       L'homme est un loup pour l'Homme

Qui êtes-vous, qui me regardez des nuages ?
Qui êtes-vous, tous les êtres aux mille visages ?
La griffe des Trois-doigts-gris qui s'abat sur vous,
Elle grave en vos mines de la douleur les moues.

Vos lèvres, elles semblent se tordre et se mouvoir ;
On dirait qu'elles disent des maux. J'aimerais savoir
Si vos voix sont le vent qui souffle dans les feuilles ;
Si vos vies qui s'expriment ont les nues pour recueil.

Alors c'est seulement ainsi que je pourrai
Savoir si de l'air tous les cris j'écouterai ;
Savoir si du ciel j'observerai les moues,
Pour enfin découvrir de vos vies les remous.

Vous ne demandez peut-être qu'à être écoutées.
— Tant de figures au ciel, par le vent emportées...—
Et vous me regardez d'un air si suppliant,
Tous vos espoirs en moi, vous y croyez vraiment.

C'est pour cela qu'un jour j'ai voulu demander
Au vent, aux nuages quelles furent vos destinées,
Là, ils me répondirent, d'une voix très intime,
Que vous êtes devenus des sous-hommes les victimes...

## Au moment fatidique où triomphe l'art

La nature est un temple comme chez les humains
Où chacun joue d'astuce pour pallier au venin
— Fatale Vérité, épée de Damoclès, —
Depuis la nuit des jours éclairant les faciès.

Certains se parent tout de flexible bambou,
D'autres se parent de rigide acajou.
Chacun monte le grand stratagème parfait,
Bien pour se masquer, se cacher pour jamais.

Mais il est chez les hommes la belle Serpentaire
Qui d'un coup de sa griffe libère la Terre
De ces intrus minables au semblant de rocher,
Qui au fond sont de sève ; faciles à décrocher.

Après l'aller du Souffle restent les plus forts.
- Ceux qui plus ont d'esprit que d'autres n'ont de corps. -
Ils ont tous, peaux de bambou, bien pu résister.
Les autres, peaux d'acajou, n'ont pu que casser.

C'est ainsi que dans la vie, tous les dits fragiles
Sont vainqueurs, quand les face-au-front se désempilent.
Car ils connaissent ce proverbe ô combien vieux :
Ne pas lutter en vain pour s'en porter bien mieux...

### L'âme innocente aime à s'entendre

Il n'est en vérité de plus royal bruit
Que le silence extrême qui fait place à la nuit.
Par son onde obscure ; sa sonorité vile,
Il libère les âmes de leur prison dévile.

Enfin je peux t'entendre, mon âme exhalée !
Enfin tu t'élèves, tes larges ailes déployées !
En ce silence suprême où tu romps ton exil,
Les vérités ressurgissent par cent puis par mille.

Il est nombre d'hommes coupables qui te fuient,
De peur que leur honte, que leurs crimes viennent au bruit.
Mais je ne te fuis pas, suprême Aphonie
Qui, au summum, prouve de mon âme la pureté !

### Vie intrinsèque

Que la prison est noire quand ce n'est pas sa peine !
Que la vie est amère quand les autres déteignent !
Deady Killed, pauvre victime, que tu es à plaindre !
— Pour ce boulet qui t'accable, oui tu es à plaindre ! —

Hélas aussi faible que toute la puissante eau,
Ta vie suit un cours loin de tes idéaux.
Le sillon est tracé où le ruisseau s'écoule ;
L'avenir t'est tracé par la précédente foule...

Il n'est de décision qui à lors fut bien tienne.
Mais un jour tu choisiras — oui, ce jour, qu'il vienne ! —
Le changement du cours d'eau - de ta vie que tu mènes -
Sans le vent, sans la pluie qui sans cesse te ramènent !...

### Ténors du crépuscule

Voici venir la nuit et toute sa chorale.
Tout à la fin du jour, il monte en spirale,
Ce cri qui vient du sol, cet appel de la nuit,
Conçu de milliers d'êtres, conçus contre la vie.

Leur chant s'élève, démon, mettant au jour un terme.
Ils ordonnent : « Soleil, que tes yeux, tu les fermes ! ».
Les nues ténébreuses absorbent le ciel qui meurt ;
Elles le vident de sa lumière, de ses lueurs.

Les arbres en transit ferment leurs très lourdes feuilles.
La faune aussi se rapproche de la porte le seuil.
Et la nature sereine, envoutée, ce soir
S'endort, dans le plus obscur et naturel noir.

## Vers l'éther

Devrais-je prier le ciel ou m'élancer vers lui ?
Devrais-je louer la vie ou en faire mon amie ?
Moi qui hurle à l'éther, quelle valeur a ma plainte
Si en mon cri strident je ne vois que complainte ?

Du fond de mes décombres je contemple le ciel,
Je le cris, je le pleure. – Déchirement éternel ! –
Mais jamais une fois je n'ai tendu le bras.
– Je criais, je croyais qu'Azur viendrait à moi… –

Plutôt que de jaillir de l'abîme vers le ciel,
Je me suis imprégnée de ce faux hydromel.
– J'ai malaxé ma chair et cette glaise immonde
Plutôt que de jaillir, quitter les catacombes… –

Mais plus loin je descends et moins Azur me voit.
- Mon cri, bien que plus fort, n'est qu'esquisse de ma voix. -
Attirée par le fond mais aussi par le ciel,
Ma vie geint – maladive – en un schisme mortel.

Pourtant l'éther est proche, – non loin de la surface, –
À distance de mon bras – Si j'en avais l'audace… – :
Juste un acte suffit, – les prières sont des lits ! –
Je peux tendre le bras et faire au ciel ma vie !...

### Ab imo pectore
Du fond du cœur

De tous les mots écrits mais jamais mis en voix,
Lesquels sont à l'auteur qui les tait et les noie ?
Quels mots donc ont le droit d'être réduits au vide ;
Quels mots donc ont le droit d'échapper au limpide ?

Une note symphonique donne vie à un cœur
Dont la plainte mélodieuse ne montrait pas l'humeur
Avant que la musique ne s'empare de sa voix,
Ne lui donne vibrance et transcendance du moi.

Les mots qui furent écrits depuis la nuit des temps
Se sont fait possession de celui qui comprend
Que plus loin que l'abîme ils doivent vivre aux cieux
En tant que vie du cœur et lyrique précieux.

Vient des mots l'existence quand le son les emporte
Vers le seuil de l'éther, vers de l'âme la porte.
Un mot porte une voix, un mot porte l'espoir
De voir un jour l'amont où s'accroît son pouvoir.

De tous les mots écrits mais jamais mis au cœur,
Lesquels sont à l'auteur qui n'en montre l'ampleur ?
Mettre aux mots une voix, c'est mettre au corps une âme ;
Mettre aux mots un espoir, c'est mettre au ciel une flamme…

# Réversibilité

### Réversibilité

Et si l'air que j'inspire n'était que de l'éther ?
Et si l'eau de mes veines n'était que du léthé ?
Ma vision ne serait alors que fantaisie,
Mes sens seraient alors acteurs de comédie.

Les images qui jadis me semblaient véritables
Ne seraient que les filles d'un mensonge confortable.
Les pensées qui jadis nourrissaient mes espoirs
Ne se révèleraient que produits d'illusoire.

J'aurais donc cheminé vers les marches d'un trône
Qui m'aurait semblé être le siège du Royaume.
J'aurais donc parcouru d'une main langoureuse
Les sillons envoutants d'une beauté vaseuse.

Mes éloges à l'Aurore ne seraient qu'hymnes noirs
Destinés aux ténèbres et au velours du soir.
Mes passions exprimées en plaisirs épurés
Ne seraient que déboires, désirs de l'Abhorré.

Si le jour que j'implore n'était qu'une achromie
Je serais comme tant d'âmes réfugiées dans l'oubli,
Dont la vie est finie sans avoir commencée ;
Comme tant de doux-rêveurs que le Fourbe a trompés.

Le jour serait la nuit et la Lune le Soleil,
La vie serait la mort et l'éveil le sommeil,
L'amour serait la haine et les cœurs les rochers,
Le ciel serait la terre et le toit le plancher.

Si mon cœur était sourd à l'appel du silence
Et si ma voix était sombre comme la patience,
Ainsi que l'ombre claire qui embue les humeurs
Je ne serais qu'un bruit, qu'une simple rumeur…

## En quintessence vint la couleur

C'est ainsi qu'au jour un, Chronos prit une palette,
Recueil des nuances de coloris partant
Des couleurs ternes et mornes jusqu'aux teintes chatoyantes.
Ainsi, je fis de même par un jour où le ciel

M'appelait. Milles flaques des nues jusqu'au sang
S'étendaient là, inertes, prêtes à ma volonté.
Dans mon esprit, les nuances se mélangent,
S'élèvent, s'entremêlent ; la vie naît pure comme ange.

Mes yeux du corps sont jaloux de mon cœur.
Ils veulent jouir à leur tour de la vue qui m'anime.
Ainsi ma main, artisan de mes heurs,
Se munit de l'outil rendant physique mon âme.

L'outil se plonge et s'imbibe des taches,
Les étale sur ma toile et me présente aux yeux
Des nuances et des formes que même moi je ne vis,
Propriétés du corps qui habite mon cœur.

Les couleurs sont l'essence de la création.
Leur alliance inédite éveille une silhouette,
Un corps face au vent ; au coucher de soleil ;
Les nuances du jour et celles de la nuit…

### Elévation furtive

Une demie heure durant, les cieux me sont offerts ;
J'ai délaissé l'argile et épousé les nues.
Elles dévoilent à mes yeux des charmes, voluptés
Dont je n'eus le savoir avant de m'élever.

L'une se fait subtile caresse de soie
Et son trait affiné se suppose mais ne force.
Elle se dévoile sans bruit, suggérer sans montrer,
Et la grâce illumine son contour majestueux.

L'autre étend ses atours dans une alliance pulpeuse,
Vanité superflue, beauté dans l'abondance.
L'épaisseur en contraste avec sa concurrente
Donne à sa pesanteur une magie intrinsèque.

J'admire ce spectacle, enjouée et rêveuse,
Comme présente au théâtre de l'épopée des cieux.
Je me laisse absorber par le doux camaïeu
De l'éther constellé par ses riches contraires.

Cependant la secousse se fait insistante
Qui précipite mon être au-dessous des nuées.
Voici que le cor sonne et là, à contre cœur,
J'abandonne les nues et rejoins la terre ferme…

## L'éther de nos cœurs

Déplacés, ballottés, les nuages courent au ciel.
Ils s'en vont comme le Spleen au souffle de l'Idéal.
Toute nuée a une moue comme le nom des malheurs
Qui hantent les âmes s'embrumant à ces heures.

Mais il est bon et fort le vent de la vie
Qui chasse les nuées et les fait défiler
Comme tant de souvenirs, de marques d'un passé
Amer qui se présente aux yeux et aux vues.

On les voit s'éloigner comme les cris des martyrs,
Réduits au silence par la bourrasque d'Enfer
Qui a bien vite raison de leur poigne trop frêle.
Toute ombre est périssable, nul mal n'est éternel.

Toujours le Soleil récupère ses droits
En écartant d'un souffle l'ombre des âmes
Qui embrumait le ciel de mauvais états d'âme.
La Vie toujours rayonne et le bonheur est roi.

La vie est pleine d'épreuves qui, une fois balayées,
Laissent la place à la joie, la plaisance de gagner.
Le ciel est plein de nues qui, une fois souffletées,
Laissent la place à l'air bleu et à l'immensité.

**En admirant une nuit d'orage**

Qui m'a un jour affirmé que toutes les nuits étaient noires ?
Jamais donc il ne vit le ciel paré de zèbre,
Dans la royauté suprême de ce riche contraste
Dévoilant aux tambours son éclat de majeste.

Les roulements sont intenses, mille sabots ne font pis.
La mélodie funèbre par sa suprématie
S'élargit et s'empare de nos corps impuissants
Qui ne peuvent que vibrer à cet hymne transcendant.

La nuit, jour illusoire, se blanchit — mensongère —
Pour laisser par instants croire au matin qui n'est.
Et les barytons s'exclament à l'adresse de nos cœurs :
« Oui, admirez la nuit en sa belle majesté ! »

### L'homme en noir

Comme une ombre animée, il se profile au jour ;
Tête baissée il avance, aveugle à son parcours.
Ses songes l'enveloppent tel son manteau obscur
Qui ne livre à la vue que sa terne figure.

Le vent est sa monture et il chevauche en maître
Tant le sol n'a d'empreintes de ses quatre-vingt mètres.
Son poids n'est en son corps mais au fond de son être,
Dans son âme pesante ainsi que celle d'un prêtre.

Il est lourd, bien trop lourd au-delà de sa marche
Qui se fait course lente fuyant le Patriarche
De ses songes et hantises légers comme le mercure.
Il fuit le martèlement que ses rêves lui procurent.

Son manteau vit au souffle et se relève encore
Dans une tentative de condamner son corps,
Vestige d'une lutte déjà vaine comme celle
D'une éphémère en son tout premier battement d'aile.

Rien ne semble interrompre l'élan de sa conscience
Tant ses pas fuient les chaînes de son âme en puissance.
Une brise le gèle et alors l'homme en noir
Laisse se refermer du manteau le fermoir…

## Enigma Olvido

Aussi vaguement qu'elle vécut, elle mourut.
Était-elle jamais née, et avait-elle vécu ?
Nul à travers les siècles à venir ne le sût.
Car, en tout et pour tout souvenir d'elle,

Une pauvre tombe ; une simple stèle,
Agressée par la pluie et les vents sans appel.
Sa tombe, elle se souvient extrêmement bien d'elle.
- Car ses vers parcourraient les recoins de sa chair. -

Mais au-dessus de son antre recouvert de terre,
Nul ne revoit celle dont le nom part dans l'air.
Car sa tâche accomplie, rien ne la lie à terre.
Qui l'eut dit après ; ensuite qui l'eut vu,

Si jamais un jour, il croisât l'inconnue,
Si ce n'était qu'un spectre, ou si elle fut revenue ?
Nulle vie à son corps ne s'était suspendue,
Aucune vie de son corps jamais n'émergea.

Ainsi jamais son sein de mémoire n'engendra,
Pour que  demain se dise qu'elle fut avant ceux-là.
Aucune pensée ne la prit sous son toit,
Et la vie la céda aux archives de l'oubli...

### Retour aux maux

Il survient un moment où les mots ne décrivent
Que la moitié des maux ; d'une grande hécatombe.
L'incertitude est grande pour ceux qui écrivent
D'élire dans un dialecte de plus de mille syllabes

L'expression parfaite qui exprime leur senteur ;
La consonance juste rimant avec leur cœur.
Et c'est à ce moment que les mots s'atrophient,
Se distendent et se tordent dans une dysmorphie.

Et puis là, plus de phrases, uniquement des images
D'un présent mal au cœur qui relance avec rage.
La figure dit plus long que toute part d'idiome
Qui s'évertue en vain à décrire un cœur d'homme.

Il n'est de meilleur usage pour décrire le senti
Que d'en faire l'expérience, et il sera compris.
Les mots ont un pouvoir qu'on ne peut pas nier
Mais le corps par sa force ne peut être égalé.

Il survient un moment où les mots s'inactivent
Et où le seul appel, l'unique, le véridique,
Devient celui du corps, par l'image olfactive,
Qui annihile même la lyre et la musique...

## Empatheo
### Empathie

Toi, mal foudroyant qui me touches en mon âme,
Par la chair de mon frère tu déchires la mienne ;
Par les cris de mon frère c'est ma bouche qui s'enflamme.
Mal infâme, je t'exècre plus même qu'une hyène !

En ta cruauté, tu ne vises pas ma chair,
Mais celle qui me blesse et que je ne peux atteindre.
Ce corps lointain du mien qui souffre le martyr,
C'est en moi que sa larme sanguine vient déteindre.

Il n'est de plus suprême agonie que de voir
Le corps de son frère souffrant le mal extrême
Et soi-même vivre sa douleur sans pouvoir
Conjurer le mal. Non, rien de plus ultime !

En ta sadicité digne du roi Dévil,
Tu achèves mon frère pour mieux user de moi.
Grand voyeur criminel, tu sais où s'annihile
Ma force, mon pouvoir, et tu en fais ta joie.

Comment peux-tu me supplicier sans retenue,
En sachant bien que loin de toi il n'est de mal,
Et qu'exécrable est mon tourment : souffrir en vue
L'être, mon frère, que je n'apaise de ton régal ?...

## L'unisson pour un sens

Que de mots ! Tous ces mots qui se mêlent, s'entremêlent,
Auraient-ils tous un sens, seraient-ils un appel
S'ils n'étaient assemblés, si ils n'étaient liés ?
Tous ces mots qui s'emmêlent auraient-ils pu crier ?

Secours, est, aux, mort, il ; aux secours il est mort !
Et l'appel est lancé par des mots en accord,
Placés bien à la suite pour hurler le malheur.
Aux secours ! Vie du corps. Ces mots crient tous en cœur.

Du sens ! Oui du sens ! Et les mots vivent ainsi
Pour qu'enfin on comprenne l'agencement du récit.
Verbe, nom, adjectif, à quoi rime tout cela ?
Car les mots vivent aussi par leur place dans le tas.

Les nuances du dialecte sont ainsi perceptibles
Par le choix d'une syllabe d'égailler susceptible.
Les mots avec leur rage, les mots avec leur flamme
Sont en fait les porteurs de tous les états d'âme.

Que de mots ! Tous ces mots de parler n'ont de cesse !
Ils s'ébattent dans la joie, ils jubilent en tresses.
Car ils sont assemblés pour porter un appel :
Bien des mots n'ont pour or que le fait qu'ils constellent.

## Il y a des mots qui à eux seuls importent

Mais il y a d'autres mots qui à eux seuls portent
Tout le poids d'une idée, tout le poids d'une notion.
Il y a d'autres mots qui constituent des portes
Vers l'esprit qui en use, vers le monde d'émotions.

Pour cause parlez d'amour et tout cœur s'illumine.
Alors tout esprit chante, et la vie vire au rose ;
Les pupilles se dilatent, et l'œil revoit l'ultime.
Pour cause parlez d'amour et plus rien n'est morose.

Aussi parlez de vie et la mort s'évapore.
Alors tout bas s'élève, et l'ombre vire au clair ;
Les nez à fond inspirent, et la joie colle au corps.
Aussi parlez de vie et s'écoule la pierre.

De plus parlez de paix et toute haine s'apaise.
Alors toute flèche se pose, et la lame tranche le mal ;
Les opposés s'attirent, et plus lourd le sage pèse.
De plus parlez de paix et la colombe s'installe.

Oui il y a d'autres mots qui à eux seuls supportent
Tout le poids de l'éveil, tout le poids des passions.
Il y a d'autres mots qui sont autant d'escortes
Vers l'esprit qui s'exprime, vers le monde d'immersion.

### Le muet qui criait

Je vois tout, j'entends tout, mais je ne peux rien dire…
Mes mots en mon esprit s'entremêlent et se meurent.
A l'orée de mes lèvres mes paroles sont feux dires
Mes cordes insoumises sont barrières à mon cœur.

Je dis tout sur les lignes, elles sont mes rempares.
Le point d'exclamation se fait encre profonde.
Mes doigts portent ma voix et s'érigent en phares
Pour mon âme rêvant de se confier au monde.

Je vois tout, j'écris tout mais l'oreille ne m'entend.
Je m'exclame à l'œil nu qui comprend l'innocence
De ma voix intérieure qui sur papier s'étend.
Je murmure et je cris pour que l'œil m'encense.

Ma voix glisse silencieuse vers l'œil en éveil
Qui saisit son ampleur ; le cri de son silence.
Sous les traits de mes mots les pétales s'éveillent,
La nature prend forme, la vie est évidence.

Mon esprit est amalgame de mes dires et écrits
Qui s'arriment et se tressent pour clamer mes désirs
Centenaires au centuple, paroxysme des nuits
Que renferment mes lèvres, castratrices de mes dires…

### Gestation

Tout là-bas je me vois ; là-bas je vois mon cœur.
Reculé, immiscé, si lointain de mes heurs,
Il attend que mon corps s'abandonne à lui ;
Ma poitrine béante n'a que le vide enfoui…

Je m'enfonce en mon antre pour jaillir au monde.
Dans mon être, dans l'être je m'élance en trombes.
Vite, vite j'accélère pour que jamais m'échappe
La nature de mon âme. Pour que je m'en réchappe…

La course se fait longue et si courte à la fois
Jusqu'à mon cœur profond si éloigné de moi.
Mon être est mon refuge, la tension de mon arc
Pour surgir vers l'éther et sublimer les Parques…

## Du cœur vers le néant

Quand résonne un beau jour le glas de la malchance,
Tout le monde tombe des nues. Ils faisaient trop confiance
À ces signes trompeurs d'apparence épanouie
Sans jamais découvrir que la peine fut enfouie.

Toujours ils se disaient que dehors fait dedans,
Et toujours ils pensaient que passerait le vent ;
Une simple tempête n'effleure pas l'acajou.
— Mais l'unisson des vents le dévore et s'en joue ! —

Il l'avait annoncé, l'avait crié au monde,
Or personne ne le crut, sa peine passa pour onde.
On voyait que dehors tout allait pour le mieux
Donc on dit ce n'est rien, demain ça ira mieux…

Pourtant l'âme sent son mal, elle sait qu'il va croissant ;
Elle le hurle aux remparts qui l'ignorent impuissants.
Pourtant tout est écrit — jamais on ne l'a lu —
Entre toutes ces lignes et parfois même dessus.

Pour cela, au fin jour, au son du cor grondant,
Aucun n'a à l'esprit la science du précédent.
Innocents d'ignorance ils hurlent à l'inconnu.
Et les lèvres se fendent de si-j'avais-su…

## Aux serments éphémères

Un chiffre de changé est-ce une nouvelle vie ?
Un objet détourné est-ce une nouvelle envie ?
Les routines minutieuses guettent l'homme qui promet,
Elles en font leur demeure et volonté rien n'est.

Homme, me diras-tu que tu ne tueras plus ?
Homme, me diras-tu que tu ne voleras pus ?
Qu'est-ce qu'un chiffre en ton cœur bâti de palimpsestes ?
Qu'est-ce qu'un chiffre en ton âme qui le serment déteste ?

À l'heure renouvelée tintent milles promesses
D'autant de cœurs voilés sermentant d'allégresse.
L'heure se fait solennelle mais qu'en restera-t-il
Quand le poids des journées s'en prendra au futile ?

L'instant est magnifique de cœurs se donnant
Aux chaînes de l'esprit, à l'idéal rêvant.
Passant l'éphéméride, le rocher sous les chairs
Se fait vile illusion et s'en va en poussière.

Homme, me diras-tu ayant passé les liesses
Qu'attaché tu seras à ces mots qui te blessent ?
Un huit pour un sept ou l'appel du bonheur ?
Une nouvelle phrase ou bien un nouveau cœur ?...

## De la science impotente

Qu'est-ce qu'une pierre en conscience si ce n'est une pierre ?
Qu'est-ce qu'une lumière du jour si ce n'est une lumière ?
Quand bien même elle dirait : « Je m'écoule céans »
L'eau ne pourrait changer ni agir autrement.

À quoi sert une conscience si son seul attribut
Est rendre plus saillant le pic qui fuit la vue ?
Que me sert de savoir si je vis, si je meurs
Si je ne peux changer ; si cet ordre demeure ?

Quel usage a la pierre qui sait qu'elle va tombant
Si ce seul savoir n'est qu'illusoire savant ?
Le savoir à l'action est la mère à l'enfant ;
L'œil ouvert à la vie est la main au pensant…

Or seule sa chute elle voit, elle ne peut rien y faire.
Connaissance criminelle, à la cheville le fer !
Que peut l'homme au savoir qui ne connaît l'essence
De la vie qui languit dans sa magnificence ?...

Le savoir faisant peur, le stoïque a l'honneur
De tenter d'influer ; de faire preuve de cœur.
La conscience de sa chute fait risquer ses deux coudes.
La conscience de sa chute… Force de Danaïdes !...

**Aux Colosses d'argile**

Ainsi que le vivant qui vers ailleurs se tourne
Dans l'objectif ultime d'arriver à son cœur ;
Ainsi que l'éphémère qui l'achromie contourne
Afin de sublimer son retour vers Harfleur,

L'argile se fait montagne pour sublimer la plaine
Par un plateau immense qui en tient les vertus ;
L'aqueuse se fait nuage pour parfaire la Reine
Hydrophile à ses heures, rendant liquides les nues.

Aux Colosses d'argile que la montagne érige
En colonnes sublimes que si fier le ciel sied ;
Aux géantes figures que le soleil afflige…
Voir qu'au-delà du ciel la terre est à nos pieds…

## Carpe diem

Nous faisons des projets dans la longévité,
Mais ainsi que l'éclair ils iront en poussière.
Elle arrive à grands pas, l'échéance trop courte
Qui condamne les âmes à croire au Paradis.

Il suffit d'un instant pour que mon feu s'éteigne
Sans jamais que je sache ni comment ni pourquoi,
Mais je fais des promesses en souhaitant les tenir ;
Je veux braver la sentence de Damoclès.

Pendant que l'existence s'attache encore à moi,
J'offre l'éternité à qui veut bien y croire,
Je vois en mes humeurs les prémices au bonheur
Rendant majestueuses les liesses simplissimes.

Je ne sais le pourquoi de nos ressentiments
Mais j'en use pleinement cependant que je vis.
Le souffle est bien trop court dans les joies éphémères
Pour ce, j'attire à moi chacun de ces effluves.

Je promets pour des siècles et des siècles sans fin
Dans l'espoir d'arracher une seconde encore
À la constellation de la vie éternelle,
Nourrissant l'espérance de serments dérisoires.

Il m'a fallu des heures pour m'imprégner de vous
Et graver de vos noms le marbre de mon cœur.
Or pour que ma mémoire soit offerte à l'oubli,
Il suffit d'un instant, d'une simple seconde.

Alors tant que la vie habitera mon être,
Je flatterai le Jour fébrile et capricieux
Pour qu'à l'acte final mes promesses demeurent,
Car voici-là ma seule, unique éternité…

## Au passage de nos cœurs

Rien. Ici riment les jours. Ici riment les nuits.
Chaque minute fatale voit un être s'éteindre.
Chacun tend, pathétique, vers un ciel qu'il envie.
Mais jamais il n'y touche, il ne peut pas l'atteindre.

Toute action est nourrie de la vaine espérance
Qui agite les damnés croyant encore au ciel.
L'espoir maintient la vie, c'en est même l'essence.
De l'idéal lointain nous sommes chacun féal.

Entre un siècle et puis l'autre tonne la litanie
Inchangée depuis l'aube jusqu'au noir crépuscule :
Lutter pour l'existence avant de joindre la nuit.
Toutes les vies obtiennent la mémoire pour pécule.

Dans le rien est le tout, l'abondance d'éphémères
Qui remplissent les cœurs, les comblent pour jamais.
Une rencontre, une joie. La fin est moins amère.
Des bonheurs de la vie un enthousiasme naît.

Or, le glas n'oublie pas et toujours il résonne.
Tout début a une fin, la roue tourne si bien,
Et la joie des rencontres dans le néant foisonne.
De ces jours, de ces nuits une rime demeure… Rien.

## Douves

Y aller et creuser, bêcher jusqu'à l'intime.
Descendre, passer les marches qui éloignent la lave.
Oppresser la Terre par sa peau de rapière,
L'éprouver en agrume que l'on pèle et arrache.

Se vouer corps et âme à l'assaut de l'essence
Refoulée, égarée au-dessous de nos chairs.
Oublier l'espace et ignorer le temps,
S'immerger en sa brèche qui traverse les terres.

Penser les profondeurs, oublier sa nature,
Se morfondre en sa quête et s'ignorer soi-même...
La durée creuse aussi au-delà de nos cœurs,
Le regret est son sang, la conscience son appui.

Quand le temps nous rattrape, les milliers de désirs
Enfouis dans nos cœurs ne sont que souvenirs.
Quand le temps nous enserre en sa prison d'éther,
La plus grande épopée se résume en poussière.

La durée, doublement, se fait mère meurtrière,
Elle annonce le jour et l'heure de la prière...
Creuser dans les décombres croyant vivre l'essence ;
Arriver à l'intime ; s'allonger en sa tombe...

## Un aveugle aux voyants

Qu'ai-je perdu du monde en ne pouvant rien voir
Des broutilles matérielles qui ne sont que miroirs
Des cœurs que j'imprègne juste en fermant les yeux ?
Qu'ai-je perdu du monde en contemplant les cieux ?

L'éther est comme les cœurs des milliers d'éphémères
Qui bâtissent des empires pour traverser les ères.
Et ainsi que les nues le Grand Souffle annihile
Les parades trop vaines ô combien inutiles.

Au-delà de ces murs je contemple la vie
Sans mes deux artifices, barrières à ma vue.
Ainsi je vois les cœurs et leurs lots de désirs
Tiraillant, foisonnant à l'abri des médires.

À travers un cœur d'homme le stoïque est fragile
Car les cœurs s'alimentent d'espérances futiles
Que l'on sait impossibles ; que la peine régale.
De l'idéal lointain nous sommes chacun féal…

À quoi bon voir les murs quand on en voit les mains
Tendues vers un cœur d'homme aspirant à demain ?
Je rédige mes pages dans les cœurs étendus,
Contemplant l'univers en marge de sa vue…

## Fatal inavoué

Un albatros ne pourra jamais pour toujours
Se cacher sous l'étoffe d'un petit colibri.
Une panthère ne pourra jamais pour toujours
Imiter l'apparence d'un gentil chaton gris.

L'hypocrisie ronge et creuse plus de mille monts
Elle laisse en leurs flancs des méandres béants
Résultant de l'acide, du venin d'un faux non
Qui cache en fait un oui que l'esprit cri en grand.

Comment trouver la force de toujours avancer
Quand la réalité ne pousse qu'à reculer ?
Et comment regarder un être dans les yeux
Quand son regard louche - trop de mensonges odieux - ?

Ainsi bien des vies meurent de vouloir concilier
Le grand élan du cœur et l'illusoire plaisir
Que l'on croit faire à l'autre en usant de faux dires,
Qui en fait l'insupportent quand il voit l'occulté.

Et aussi bien des êtres agonisent en leur chair
Pour cause de déchirure entre pensé et dit.
Alors leur cœur s'arrache et bientôt il maudit
L'être qu'il voit d'une sorte, vision qu'il doit taire...

## Du doute de l'ambition

Si la vie me donnait la chance tant espérée
De toucher à l'abîme, au fond tant escompté,
Pourrais-je même après m'extraire des catacombes ?
Ne m'y réjouirais-je pas, si ravie dans ma tombe ?

Si un jour j'atteignais de l'être les méandres
Lequel serait mon choix : partir ou m'y répandre ?
L'abîme par le répit qu'il nous fait apprécier
S'approprie bien nos cœurs céans aventurés.

Les abysses sont lucides et se parent tant d'appâts
Qu'un séjour n'y peut être que jusqu'au trépas.
L'expérience est fatale au passant innocent
Qui s'y rend sans visée, sans même être conscient.

Bien des hommes ont voulu passer l'aléatoire
En bravant la pente raide, en y risquant de choir.
Mais combien peu d'entre eux sont remontés du creux ;
Combien peu d'entre eux ont résisté aux feux…

Si la vie m'annonçait l'imminence désirée
De toucher au plancher, à l'appui tant rêvé,
Pourrais-je m'en servir et ne pas m'y complaire ?
Pourrais-je m'y trouver et jaillir vers l'éther ?...

### De la grande imposture

Comment faire accepter et soi-même concéder
Que la gloire fuit parfois les efforts titanesques ?
Comment donc enseigner et se dire à soi-même
Que la sueur et les larmes n'assurent pas l'idéal ?...

Toujours se surpasser et toujours tenir tête
Pour peut-être un beau jour, peut-être un de ces jours
Ne rien obtenir d'autre d'un cuisant échec…
Car l'ombre suit toujours qui marche sous le jour

Parfois même elle s'accroît et détruit l'espérance…
Pourquoi toujours lutter lorsque le néant guette
Et que le réconfort n'est que tas de poussière ?
Pourquoi toujours s'offrir aux relents de l'abîme ?...

On dit que l'ambition surpasse les faussés
Et que l'idéal vient à qui sait en rêver.
— Je regorge de rêves et pourtant nulle étoile
N'est venue enrichir l'achromie de mes nuits… —

On dit que l'avenir est à qui se lève tôt.
— J'ai regardé Vénus s'éteindre dans les cieux
Et mon maigre pécule n'est fait que de nuits blanches… —
On dit que la lumière est au bout du tunnel…

Où est donc ce sommet que l'on a tant conté ?
Où est donc l'hydromel de ces veines épanchées ?
Puisque l'on dit toujours de tout travail bien fait
Qu'il ne saurait aller sans salaire généreux…

On enseigne aux consciences l'art de la récompense,
Mais quand l'effort se fane en un désert stérile,
Ainsi qu'un faible écho, le vent emporte au loin
La douce symphonie des serments illusoires…

### Reverso temido
#### Revers craint

Il est un jour où chacun de ces royaumes
Jubile, fétaille, s'amuse et puis chôme.
Il est une belle heure accordée à chacune
De toutes ces espèces, sans limites aucunes.

Mais combien dans les Hommes ont un jour vu qu'en bas
D'autres espèces subissent la présence de leurs pas ?
- En leurs célébrations, les humains annihilent
Tant d'innocents petits qui dépérissent en piles ! -

Une fourmi un beau jour tout haut a crié :
« Vois que tu m'écrases sans retenue, grand pied ! »
Mais l'affreux gros pied sourd ne l'entendant même pas
S'abattit sur elle et rompis ses os d'un pas.

C'est ainsi que près d'un millier de ses sœurs
Agonise quand les Hommes s'ébattent de bonheur.
Tous ces loups sous des figures d'agneaux cachés
Bougent, traînent la peur par leurs corps envoutés.

Or, la terreur ronge les Hommes quand bonheur
Aux autres sourit. - Ainsi vient donc leur malheur. -
Les humains s'effraient de chacune des dunes
D'un monde qu'ils accusent d'imiter leurs lacunes...

# Le compliment n'a de valeur que si défaut il y a

Sur quoi pourrais-je écrire
S'il n'y avait qu'Euphore ?
Sur quoi pourrais-je écrire
Si le vide perdait corps ?

Qu'est-ce qui m'inspirerait
Si la vie n'avait de point ?
Qu'est-ce qui m'inspirerait
Si la route n'eut un point ?

La vie à elle seule
Me serait bien égale
Si la mort sous sa meule
N'écrasait nos étals.

Quelle valeur a l'écrit
Qui avec entrain se voue
À vanter la magie
D'une idylle sans égouts ?

Oui, moi j'écris la mort
Pour mieux louer la vie.
Elle est plus belle encore
Grâce au spectre qui la suit !

## Au sage marginal, de la Sagesse obscure

Je n'ai nulle limite et aucune contrainte.
Ton esprit est ma proie et je me joue de toi.
Tu as l'air plus lucide mais ton teint est livide
Car ma poigne de fer omet l'inspiration.

Tu veux crier au monde que tu connais l'essence
De toute vie humaine et de toute espérance.
Mais personne n'écoute le fébrile joyeux
Qui prétend que la science n'est que désespérance.

Je te fais miroiter les sommets infidèles
Qui se dérobent au jour et t'épousent la nuit.
Je t'offre la vertu des plus grands de ce monde
Ainsi que les habits du féal sans valeur.

Je fais de ta conscience un magma en fusion
Dont la moindre effusion nuit aux fragiles chairs.
Elles te fuiront toujours et tu les poursuivras ;
Elles implorent ta perte et je t'envoi vers elles.

Tu es le marginal à la vue singulière,
Celui que j'ai choisi comme unique victime.
Je t'ai ouvert les yeux et toi seul peut voir
La tendresse infinie qui réside en la pierre !

## Du poison consciencieux

Je t'avais tant sommé de délaisser mon cœur
Or tu prêtas serment debout sur cette pierre ;
Celui de faire de moi l'idéal de ton être,
Croyant dompter mon feu résistant à tout maître.

Je t'ais dis maintes fois que les âmes se brisent
En voulant posséder les remous sans emprise.
Tu ne vis en ma voix que discours infondés,
Maintenant vas en peine dans les flots attisés.

Eloigne-toi de moi et de mon poing serré
Sur mon indépendance et mon cœur enserré ;
Vas en peine pour avoir tenté trop longtemps
De larguer tes amarres dans un port inconstant.

Car ma peau amphibie ne retient pas ta main
Dont la caresse tendre se veut baiser serein.
Je suis l'irrémissible, vas-t-en loin de moi,
Afin que ta tendresse ne tourne en émoi.

Mes yeux voient l'horizon et ne s'arrêtent à toi
Malgré les stratagèmes que fournit ta foi.
Tu veux la royauté au palais du bonheur
Mais je n'ai à t'offrir que l'épave d'un leurre.

Muse pleine de vie vas verser ta passion
Dans un autre torrent qui fera attention
À ta fragile fleur semblable à une reine,
Je ne suis que la lame d'où surgit ta peine.

Hâtes-toi, de ta vie ais une haute estime,
N'abaisse pas ton rêve aux relents de l'abîme.
Il y a trop d'espoirs détruits à tout jamais
Pour avoir désiré ce qu'ils n'auraient jamais…

## Serment à l'existence

Aussi loin que la vie portera mon appel,
Je m'étendrai servile au gré de ses caprices ;
Je dirai oui au jour, c'est ma seule réponse
À l'astre qui reçoit mon plus bel hydromel.

Car je n'ai à offrir que mes larmes et sueurs
Pour étancher la soif du Victorieux avare,
Réticent à céder une once de lumière
Pour conjurer la nuit qui s'empare de mon cœur.

Je n'ai ni artifice ni philtre imbattable
Pour contrer les faussés qui agressent mes pas,
Je n'ai que mes faiblesses et peurs innombrables
À confronter au mur infini face à moi.

Mais autant que la vie me réclame en ses fers,
Je garderai brandi l'étendard de mes peines
Et j'irai devant l'astre, immortelle éphémère,
Exposant mes blessures au-devant de la scène.

Aussi haut que la vie portera mes consonnes,
Je remplirai la coupe des eaux tarissables
Et confierai aux cieux mon œuvre périssable
— Le recueil des soupirs de ma faible personne…

# Particules de pensée

### Sinister et dexter

De gauche et puis de droite, nature foisonnante.
Mais qui donc est celui qui y cherche constance ?
Est-ce le tourmenté si craintif de ses maux,
Si brouillé que le geste lui semble immobile ?

Celui-là que le trouble offrirait aux contraires
Verrait en la verdure l'immuabilité,
Mais la nature se meut et s'exprime à loisirs
Si tant est que l'on puisse cerner son langage…

Voir le calme en la brise et le doux en l'azur ;
Rêver à l'achromie dans la magie du jour ;
Éprouver l'oppression de la non-pesanteur ;
Se méprendre et s'offrir corps et âme à la nuit.

Regarder de ses yeux l'abstrait que voit le cœur ;
Qualifier d'harmonie le chaos infernal ;
Croire entendre la harpe et s'imprégner du cor ;
Penser voir en la terre une étendue stérile.

Faussement voir l'endroit à l'envers de ses jours ;
Croire à tort la nature dépourvue de nuances ;
Se défaire de l'étreinte offerte par l'idylle ;
Se jeter, éperdu, dans l'instabilité…

### Péri tès shrinkos
#### De la lyre…

C'est depuis ce jour que la lyre se lamente,
Depuis que l'émotion effleura le stoïque.
—Quand le solitaire composa ses cantiques,
Une source en un cœur fit couler le léthé…—

C'est à lors que l'Orphée qui tendrement chantait
Laissa d'être subtile pour s'offrir au lyrique,
Et de tous ses poèmes combien symphoniques
La douleur fit les miasmes d'un supplice parfait.

« Lyre, tu ne chantes plus la beauté éternelle,
Mais tu deviens l'écho des torsions de l'âme… »

Depuis que la Nuit lui déroba sa belle,
L'Orphée crie son malheur au crépuscule du soir,
Et la lyre dont l'air dissipe l'illusoire
Prend la forme du cor en son pénible appel.

« À jamais fleuriront les noires chrysanthèmes,
Parsemées en mémoire à ta figure pastelle ! »…

## L'oubli, mon existence

Ainsi vont mes pensées qui m'échappent alors
Tout aussi promptement que ma force et mon corps.
Où vont-ils tous mes songes d'un jour, d'une nuit
Que je mis tant d'années à porter à la vie ?

J'avais milles acquis et plus rien aujourd'hui,
Toutes mes certitudes s'écoulent en pluie.
Que sais-je maintenant et que savais-je avant ?
Quel est donc ce savoir qui me quitte instamment ?...

Cependant je vois l'autre à la sereine allure,
Ignorant du trouble qui ronge mon armure.
Je vois l'apaisement qu'offre le vide au cœur.
—L'envie me viendrait-elle d'aimer sa liqueur ?—

Car il n'a de regrets et ne souffre jamais
Des remords de ciguë qui abreuvent ma peine.
Il se meut sans contrainte et son esprit est libre.
—Seulement, sa quiétude vient de l'ignorance…—

Moi qui vis tant de choses et perdis la lumière,
Moi qui vois le regret, le trouble de l'oubli,
J'ai acquis la fierté du majestueux éclair
Qui au gré des caprices illumine la nuit.

Ma mémoire n'est fidèle qu'à son puissant contraire,
Mais cet éclat futile m'assure mon vécu.
Qu'il est bon de sentir le savoir éphémère ;
Mieux vaut tout oublier que ne rien avoir su…

## À rebours

Tu me guettes dans l'ombre abhorré Damoclès
Cependant que ma vie est au jour et aux liesses.
Ta lame dit aux Moires de montrer mon fil,
Tu le limes sans bruit et ris de mon péril.

Tu jubiles de voir l'impotente au grand cœur
Qui répand l'allégresse en songeant à demain ;
Ce demain que toi-même feras n'être jamais,
Ce demain dont je rêve ainsi qu'une éphémère.

Combien de jours encore, ou même combien d'heures
As-tu daigné laisser avant que soit décembre ?
Combien de filaments retiennent encore mes membres
Agités fébrilement pour ravir tes heures ?

Quelle année, quel mois, quel jour ou quel instant
Sanctionnera ma course et l'ouvrage des Moires ;
Quand te lasseront-ils, les milliers de déboires
Imposés à mon cœur qui ne craint plus le temps ?...

### Pensée polyphonique

Des milliers d'âmes planent au-dessus de nos têtes ;
Sans repos, sans répit, elles scrutent nos cœurs ;
Elles attendent en patience le moment opportun
Où s'emparer de nous ; où entrer en nos yeux.

L'un était philosophe, l'autre romancier,
Tous deux portaient des maux et en faisaient des mots
Qui aujourd'hui perdurent et menacent l'idée
De celui qui jamais veut clamer sa pensée.

« C'est ceci que disait Untel à ce sujet »
Et l'auteur de la phrase est ramené au monde.
« Toutefois vient un autre qui dit autrement »
Et l'argumentation est discours d'outre-tombe.

On me dit de confier mon être et à ces esprits
Qui longtemps ont vécu et survivent en nous.
On me dit de laisser leur voix me posséder
Afin qu'en m'exprimant leurs mots sortent en mon cœur.

Il parait que ma voix aura plus de portée
Si elle use des mots des vivants et des morts.
Il parait que les yeux verront ma qualité
Selon que j'appartienne aux ''penseurs'' ou ''diseurs''.

On me dit de convier les âmes au festin,
Au banquet dont mon cœur fournit les victuailles.
On me dit que mes mots auront plus de valeur
Si je cède mon être aux voix des milliers d'âmes…

### L'entonnoir

Dix-mille hommes sont nés
Six-mille hommes sont forts
Trois-milles hommes sont riches
Huit-cent hommes sont beaux
Cent-trente hommes s'amusent
Soixante hommes jubilent
Seul dix hommes s'élèvent…
Dix-mille hommes sont morts.

### Pensée

Laissez les historiens nous raconter l'histoire ;
Laissez aux géographes les mers et les espoirs ;
Laissez aux romanciers, poètes et conteurs
Le soin de faire rêver en parlant à nos cœurs.

## Sympathie sélective

La coutume s'impose pour les outrages aux hommes
D'être compatissant en offrant de sa voix.
Chaque cri qui s'en va de la bouche d'un homme
Demande à tous les autres d'abandonner le bruit.

Deux jumelles s'effondrent et deux-milles trépassent,
Tous sont de leur patrie et font vœu de silence.
Mais ailleurs qu'en ces terres des enfants s'éteignent,
Mais ailleurs qu'en ces murs des vies sont maladives.

Et pourtant ne sont pas entendus,
— Les plus vaillants soupirs nous retiennent la gorge, —
Car trop de vies sont mortes et continuent de choir
À chaque bille d'argile ôtée à l'éternel.

Et si nous voulions bien toutes les honorer
L'humain délaisserait sa vie et sa nature.
S'il fallait trois minutes à chaque humain qui meurt
La voix nous quitterait, nous serions tous muets.

### Espoir reconductible

Au comble d'infortune mon esprit est né.
Je voulais lui offrir un gite droit au nord,
Mais arrivée à terme je n'y suis encore ;
La distance est indemne entre mon nid et moi…

Il cherche l'oxygène qui lui donne la vie
Comme un fils de la mer allongé sur le sol.
Pourrai-je le tenir plus longtemps en ces fers
De crainte que mon rêve soit né déjà mort ?...

### Après les cendres

Fils d'Aqueux et d'Argile ton esprit gémit
Et l'espoir capricieux titille tes envies.
Fils d'Orphée en passion tes nuits sont des soupirs
Et ton râle est regret de tes pressants désirs.

Tu avais miroité l'étendue merveilleuse
Du royaume idéal aux roses venimeuses.
Tes souris écorchés l'ont cédé à tes pleurs ;
Écoute cet oracle combien salvateur :

« Après l'obscurité apparut la lumière,
À la suite des maux sont venues les douceurs.
Après mille périples les terres promises
Devant le naufragé dont le souffle s'épuise.

Il est sombre celui dont palpite le cœur
À chaque note noire des flûtes infernales ;
Il est triste celui qui s'immerge dans l'encre
D'une plume envoutée qui écrit l'amertume.

Mais ainsi que l'oiseau qui épouse le ciel ;
Ainsi que l'édifice touchant l'idéal,
Cœur épris de l'azur retrouvera les cieux
Et concevra céans son rêve bienheureux !... »

## L'exil en mon royaume

Entre deux monticules s'élève béante
La porte du royaume ignoré de ma science.
Tout contre mes talons se blottissent chétifs
Les relents de mémoire d'une vie familière.

Plus avant je progresse vers les tendres effluves
Qui enivrent mes sens avides de mystères.
Cependant je me trouve ainsi que tous ces pauvres
Qui rêvent d'idéal sans jamais s'y pencher.

Ainsi que les serments qui rassurent à distance,
Cette boîte à mystères m'attire et me repousse,
Car je vois sur ce bois sublime et sans défauts
L'emblème inimitable de la belle Pandore.

Et pourtant je franchis cette limite infime
Entre vie et sommeil, entre bruit et silence.
Je m'avance en l'asile où mon âme s'invite
Et ouvre grand les yeux à la moindre nuance.

Me voici au royaume des mille et un miroirs
Où nul ne peut aller sans venir à lui-même ;
Là où toute rivière s'abreuve de mon sang
Et le moindre rocher est reflet de mon cœur…

## Palinodie de l'historien

J'entends offrir les Temps à mes frères de l'heure
En lisant, en creusant l'intimité des feux.
Les yeux vers le passé, je voudrais ériger
Les édifices antiques et les ruines anciennes

Afin que mes amis s'inspirent de ces œuvres
Pour bâtir leur histoire et celle des futurs.
Je dis que les sapiens évincèrent leurs voisins
Ou que les pyramides étaient œuvres funèbres ;

Je dis que tel ancien eut pour ami un autre
Selon les relectures des bribes du passé.
Mais pourtant il n'y a aucune certitude
À la science qui naît du retour aux décombres.

Je veux juste montrer à mes frères de l'heure
Qu'il y a un espoir à explorer les Temps ;
Que l'instant qui effraie n'a plus de raison d'être
Si nos pères et nos mères nous laissent des indices.

Je voudrais de mes yeux apprendre à mes amis
À regarder derrière pour aller de l'avant
Grâce aux conseils précieux que j'ai tirés des ères.
— En souhaitant que mes dires n'offensent pas les feux.

De l'an mille ou depuis la jeune préhistoire,
Pardonnez à mes frères si leurs dires sont erreurs ;
À vous de tous les temps que nous pensons connaître,
Recevez les respects de celui qui vous cherche…

## Fragments

Tu me parles d'espoir mais après que vois-tu :
Après la main tendue qui se change en poignard ;
Après la bouche ouverte aux saillantes canines ?
Tu me dis que l'azur remplacera l'humeur.
Tu recouvres mon être d'un tissu de promesses,
Des plus belles utopies, des mythes enchanteurs.
Tu refuses de voir ce qui te saute aux yeux :
Les remous des damnés que tu crois angéliques.
J'ai vu tes yeux rêveurs tournés vers l'avenir
À la promesse faite d'assouvir tes désirs.
J'ai entendu tes nuits se combler de soupirs
Témoins de l'espérance en l'idylle à venir.
Les vents se jouent de toi, mais ta grandeur est là :
Dans le fond de ton cœur qui bat de désespoir.
Bien que le précipice épie le moindre pas
Tu ne peux te résoudre à faire taire ta flamme !
L'entends-tu, l'ovation qui se fait insistante
À l'heure où les lauriers forment tes initiales ?
Il y eut un instant, pas plus d'une seconde
Où tes yeux s'arrimèrent à la belle Méduse
Qui envouta ton être dès lors tourmenté.
Ainsi Poietos descendu de son trône
Préféra l'Achromie enfouie au fond des cœurs.
Dis, celui qui écrit ce qui vit en son âme
Doit-il se conformer aux rites des poèmes
Qui sont pétris de formes et d'étaux castrateurs ?
Accorder dans sa vie une place à l'imprévu
Est la plus grande preuve d'organisation !
Te voici au royaume des mille et un miroirs
Où nul ne peut aller sans venir à lui-même.
Fais confiance à Morphée, ignore Damoclès
Afin qu'en ton repos la clarté s'offre à toi…

## Immersion dans la foule

L'agora est l'hôtel de la voix qui se cherche,
Chacun des citoyens ayant besoin de force
Accoure et puise ici l'énergie du grand nombre
Afin que son message anime l'agora.

Le cri d'un solitaire soutenu par ses pairs
Outrepasse les murs ainsi que les distances.
Voilà pourquoi céans tous les hommes se logent,
Ainsi toutes les mains conforteront le cri.

Dans la foule l'humeur n'est qu'entière accordance
Chacun offre sa voix, son poing serré en l'air
Pour gonfler le murmure qui s'empare des corps,
Et alors c'est un râle qui croît dans la foule.

C'est ce corps que maintenant composent les hommes
Qui permet à un thème de rythmer le jour
Et qui offre à l'idée sa force et son pouvoir ;
Ce qui ouvre les cœurs c'est la voix, c'est ce corps.

Toujours force la foule qui s'anime en cœur
Quel que soit l'opposant qui voudrait se dresser,
C'est ce vif engouement qui conforte les âmes :
La conviction croissant, toujours force la foule…

## De profundis

— Jamais ! — Entends-tu le serment de l'humain révolté
À l'heure où la semelle lui comprime le cœur ?
— Jamais ! — Vois-tu sa tempe frêle où la veine palpite
Qui amène à grands flots le refus magistral ?

— Never ! Jamais ! ¡Jamás! — Faut-il une autre langue
Pour qu'enfin le sous-homme aspire à l'au-delà ?
Pauvre vil au grand cœur, ami de l'idéal ;
L'homme appelle, insatiable, en attente des mains

Qui au-delà des mots fabriqueront le baume
Destiné à panser les maux du corps en feu
De l'humain descendu pour vanter le surhomme
Qu'il aurait tant voulu offrir à ses semblables.

Descendre, toucher terre et revoir ses racines ;
Délaisser l'oxygène et bannir l'ombre verte ;
Se consacrer sans solde et sans contrepartie
À l'offrande de soi pour élever les feux.

Approuver la pression imposée par l'aveugle
Qui tâte sans mesure en cherchant un appui
Sans ses yeux condamnés à ignorer encore
Que les bourbes antiques n'amassent qu'immondices.

— C'en est trop ! Trop d'effroi alors que je suis là ;
Que je vous tends la main et invite au voyage !
Le priant est un sourd qui n'entend pas ma voix
Alors que je murmure à son cœur dans les songes !

L'implorant est aveugle, il ne voit pas mon antre
Lié à sa conscience comme le jour à la nuit !
Never, jamais, jamás !... — Et alors tu verras
Que le froid aime l'aube où la neige s'en va.

— Mais alors que choisir de la voix ou la vue
Pour qu'enfin ils entendent en la brise ma voix ?... —
Entends-tu le refus descendu de l'éther
Qui coule dans tes veines alors que tu l'appelles ?...

## Les bienfaits du comptable

Aurais-tu un billet, mon frère, que je ferme
Cet antre de Cerbère qui t'ouvre grand ses portes ?
Aurais-tu une pièce, ma sœur, que j'entende
Ta complainte pressante à l'heure où tu te perds ?

 Il me semble en effet que parfois le vent porte
Une certaine rumeur qui se noie dans les ères
À mesure que vos voix chaque fois plus nombreuses
S'harmonisent, s'accordent au diapason du cor.

Il me semble encore que vos doigts m'effleurent
Dans les vaines tensions imposées à vos membres
Pour atteindre le point si sensible en mon cœur
Où l'insensible oreille résonne malgré elle.

Il est vrai que je peux garantir vos matins,
Mais que me donneraient vos vils remerciements
Nullement fiduciaires et encore moins chers
Que l'eau évaporée qui entretient le ciel ?

Il me faut garantir le rendement du prêt
Qu'il est dur de céder si la feuille ne comble
La plaie de ma pensée occupée de ces frais
Couvrant chaque fois plus l'être humain qu'ils dénudent.

Je sais bien que tu veux que j'apaise ta peine
Car j'en ai les moyens et la toute potence,
Mais je ne vais céder à celui qui appelle
S'il n'a pas le sous pour payer son appel…

## Le repos du saint esprit

Je sais magner le verbe, j'en sais la portée ;
Je sais nourrir la rime, j'en connais l'histoire.
Ils le savent très bien, tous ceux-là qui m'admirent,
Parce qu'un de mes vers a ébranlé leur foi.

Ils prennent en pain béni chaque brise qui naît
De ma bouche qu'ils croient renfermer l'idéal.
Il me reste à souffler que l'aqueuse est liquide
Et ils se rueront tous à l'affut d'implicite.

Pourtant qui ne sait pas que l'aqueuse est mère d'eau
Ou que l'astre solaire donne vie à la Terre ?
Il suffit que mes lèvres s'agitent sur ces mots
Pour que toute évidence reçoive son linceul.

Le jeu du tout-puissant consiste donc à donner
L'hostie épisodique dont rêvent les fidèles
Pour qu'enfin aveuglés ils adulent tout pain
Émietté par ma main, hydromel illusoire.

Je suis las, bien trop las pour ne faire que l'idylle,
Mais qui donc comprendra quand mes mots sont éther
Et l'instant où ma voix, qui ne discontinue,
Ne susurre aux oreilles qu'étoiles éphémères…

## Miedo del oscuro

Lo que me da miedo no es la vida
Lo que me da miedo no es la muerte;
Lo que mata mi alma no es el negro
Porque sé que Noche tomará mi vida.

Lo que me da miedo es el muerte que vive,
No teme cerrar mis ojos un día.
Mi vergüenza crece al ritmo del alma
De aquel hombre loco quien ensombrece la noche.

No temo el oscuro pero la luz ardiente
Del corazón matador que aburre su vida.
Lo que me da miedo no es el ojo
Del ser humano quien cierra su nariz.

Es el corazón que se hace negro
Es la brisa glacial que mata mi sangre;
Es el ser humano quien cierra su alma
Mientras que la vida se ofrece al mundo…

## Learn and die

The ocean is green for any lonely soul
Who imagines the world according to the thought
Transmitted through eras by the wind that lies.

I am a blasted tree, red in soul, blue in mind,
And the bolt of heaven has entered my soul,
And the bolt of heaven has destroyed my mind.

My knowledge is so damned that a cloud will cry
When I look at the sky and yell the hardest things
With my rocking stomach and my deep-injured voice.

The genius is doll for the three Ancestors
Whose role is to cut any string when it hurts,
But their choice is to keep the smile turning to tear.

Victor Faust is my name and I'm swearing to Thee
Because you made the most unfortunate human,
Because you gave the eye and the way to be blind…

## La Faucheuse ou l'invitation à l'éther

J'aime ton âme, viens, oui, accorde-la-moi.
J'aime ton existence, offre-la à ma voix.
Apporte trône ou chaise il n'en sera grand cas,
Tu laisseras ta coupe aux pieds de mon Cerbère !

Cordes, bois et métaux s'accordent dans le jour
Pour qu'en la nuit prenant la chaleur t'ensorcelle,
Et tu danseras, danseras jusqu'à l'aube
Où je t'amènerai au rythme de tes fautes !

Approche, ris de tout, de ta vie dérisoire
Ainsi que de ce bal où s'allonge ton corps.
Suspend ta guirlande, chapelet de tes peines,
Ajoute une autre étoile à ce ciel maladif !

Laisse alors de ta bouche jaillir en feu achrome
La sainte affirmation, le bonjour à la nuit,
Et alors que ton cœur embrassera les vers,
Tu danseras ici, riche et pauvre mortel !

## Leurs lèvres à la coupe de ma vie

J'ai peur de fermer l'œil et de le rouvrir
De peur qu'à mon réveil je ne sois plus moi-même.
J'ai peur que mon sommeil soit l'appel au dévil,
Qu'il annonce en mon corps le festin des charognes.

Quel empire a le mort sur sa vie épuisée
Alors qu'il voit son corps mais n'en a pas l'usage ?
Que peut l'encre impalpable sur l'encre profonde
Alors qu'elle s'envole et ne tient au support ?

Dieu, que disent ces fous qui pensent me connaître ?
Je voudrais interrompre le torrent aveugle
Et faire qu'enfin cesse ce satané sonnet !
Dieu, ils achèvent plus encore ma vie !

Ils entrent en mon intime, exilent mes secrets,
Nul recoin de mon antre n'échappe à leurs mains.
Ils arrachent mes biens et ils les portent au jour
Sans voir que même mort j'aime encore en secret.

J'ai peur de ce sommeil où les écrans s'animent
Et présentent en première mes hauts et mes revers.
Je voudrais même encore disposer de moi-même,
Mais ma poigne d'antan ne tient plus que poussière…

## L'ange démissionnaire

Ailes immaculées je me défaits de vous !
Quel feu donc aime l'heure où le vent tourbillonne ;
Quelle étoile aime l'aube où l'achromie fusionne ?
Ailes blanches, âme claire je m'éloigne de vous !

Cadeau cent fois maudit, signataire de la vie,
Pain confus, main obscure, abîme centenaire,
Glaive pile, face opaque, aubaine serpentaire ;
Tout s'unit, me détourne et détruit mes envies…

Qui veut viser jamais en installant Bonheur
Dans les dédales noirs de l'Abhorrée perfide ?
Qui veut planter la rose sans qu'elle soit putride
Au paradis vanté sans aucune couleur ?

Trop de noir en ce jour où mon œil écorché
Ne peut voir que l'aval de la grande amorphie
Intrinsèque au royaume que tu me confies ;
Sourire sans espoir d'une plaie épanchée !

Trop d'illusoires pardons et de crimes odieux,
Tellement de douleur que le suppôt des cieux
Se défait de ses ailes et les remet aux Cieux…

## Espérance des larmes

Quand bien même la pluie tomberait tout le jour,
Quand bien même ses pleurs inonderaient la nuit,
Qu'elle soit du commun ou bien d'un saint matin,
Sera-t-elle jamais l'égal de mes soupirs ?

Elle efface dehors le glas des cœurs arides
Qui tant la suppliaient à mesure que les rides
Triomphaient de leur sol et de leur maigre vie.
Les larmes de l'éther ont vaincu le soleil.

Alors, timides encore, des êtres remercient
À mesure que l'aube éclaire les nouveaux,
Les petits de la terre qui sourient au ciel
Et qui tendent vers lui leur jeune et maigre corps.

Ainsi, la pluie, un jour, aura-t-elle raison
Des gerçures croissantes au fond de ma vallée ;
Sera-t-elle de taille à vaincre le soleil
Qui jusqu'alors séchait la moindre de ses larmes ?

Je regarde toujours s'affairer au dehors
L'aqueuse qui jamais ne répond à mon cœur,
Terre aride à loisirs brûlée de mille feux,
Asservie au soleil et aux rêves d'espoir…

## La peau

Laissez mes mots sonner, vous retourner le cœur,
Ouvrez grand vos entrailles à mes sons enflammés,
Permettez à leurs coups d'animer votre corps
Qui comprendra plus vite que vos folles consciences !

J'entends bien épancher, écorcher votre sens
Friand de ces lames qui gravent la passion,
Car les caisses qui cassent et le sucre et le souffle
Sont hydromel létal de l'oreille masochiste !

Écoutez ma voix rauque quand la main m'effleure
Et qu'elle joue sur ma peau au gré de ses caprices.
Admirez les nuances, les douceurs, les cris
Qui transcendent vos corps quand votre sang frémit !

Donnez donc à mes maux le nom qu'il vous plaira
Mais laissez la musique avoir raison de vous.
Sentez les coups, les rythmes, l'espoir qui renaît,
Regardez le passé et allez vers demain !

### Aléthéia

Les contes sont lointains, là-bas, à l'horizon,
Ils se dessinent fiers, mais bien inaccessibles.
Tel est le gage de celui qui les voit :
Les porter au plus près de ses mots 'si lointains.

Alors il lance, lance encore des mots,
Accrochés dérisoires, comme une corde limée
Avec laquelle il tente d'atteindre l'infini.
Et le cor conseiller retentit en son cœur :

« Si tu n'avais pas d'yeux verrais-tu l'infini ;
Si le noir s'étendait connaitrais-tu le jour ?
Alors que l'horizon court encore plus vite,
Tes mots atteindront-ils les contes tant rêvés ?... »

Et, il lève les yeux, le conteur, vers ses maux
Et au lieu de ses phrases il offre à l'infini
Les amours, les regrets de son simple cœur d'homme.
Alors là son ami poursuit sa mélodie :

« Tout est bien si ton cœur voit plutôt que tes yeux ;
Il est temps que les mots soient plus profonds que l'encre
Et qu'ils touchent à l'essence plutôt qu'à un membre
Pour atteindre tout l'être, pas seulement son corps... »

Et alors les contes se font proches voisins,
L'horizon est en mètre et convie l'infini
Au festin de ce cœur que la vue a laissé.
Les mots, produits du cor, ont touché l'horizon…

## L'envol du Corsaire

Je vois la piste en-dessous du métal
Elle s'étend vivante et nous dit au-revoir.
Je regarde ce corps, anatomie maternelle,
Ma Guadeloupe natale.
Et durant ma contemplation vespérale,
Je regarde en bas et admire mon île.

Je vois ses veines blanches, vertes, rouges et jaunes,
Je contemple son sang, les hommes pleins de rêves,
Chacune des artères grouille de voitures,
De piétons, de cyclistes, d'humains se déplaçant ;
Chacune de ses veines expulse en flots entiers
Des unités vivantes, une force si vive
Que je me dis pourquoi ? en voyant le présent…

Je m'éloigne du réseau des routes cardiaques
Qui à chaque pulsation s'anime de fureur,
D'une rage de vivre et d'immense volonté.
Ces veines, ces artères font s'égayer mon île
Et font grandir en moi l'inspiration du sang,
Comme un simple globule égaré loin du corps.

Alors je continue l'ascension vers l'ami
Qui m'attend pour dix jours – petite inspiration…
Et ses veines s'amenuisent à mesure que le fer
M'emporte vers l'ami, m'emporte vers son nid.
Les artères se font plus fines que la toile
D'Arachné, leur scintillement
Me parvient comme un lointain reflet
De mon identité et du corps maternel.

Alors j'atteins la peau de ma Guadeloupe natale
Et sa douceur de nues donne une caresse au fer.
Et alors je la sens, là, tout contre mon cœur,
Et elle me dit reviens et je lui dis attends,
Alors elle m'attend et moi je vais puiser
L'hydromel de culture à verser en ses veines…

## L'essentiel imminent

Heure h, point p, minute m,
Le sablier s'égrène.
Et les jours s'amenuisent, et le temps se tarit…

Il n'est plus de futile à magnifier encore,
Plus de rires, plus de joies, plus de fleurs…
L'heure n'est plus aux rires dérisoires
Qui à leur temps n'ont su illuminer le jour.

Si déjà dans le jour leur vigueur n'était pas,
Alors que la nuit vient pesante comme un mensonge,
Ils ne servent à panser le béant de nos cœurs.
L'abîme se fait chaos, néant, pause, silence,
Il n'est plus de cordage, de rempart ou d'épaule.
— Plus de temps pour le jour, plus d'instants de sourires.

Le Beau dont Goethe fait l'ovation grâce au cor
Est vieilli, est passé, est ranci, épuisé.
Le réel ne porte plus le velours des rêves,
Il s'en défait et porte les stigmates du souffle.

Rien de plus que le temps de faire de pierre cœur,
Rien de moins que de faire d'une main un pilier…
Il faut bâtir le monde nouveau d'où s'échappe
De son aperture latérale la bile de ce monde
Ancien où nous vivons d'éphémère et de vil.

La plume doit se changer en marteau
Et enfoncer le clou de l'effort en nos cœurs
Si pétris que l'argile qui aime la caresse…
Les temps crient, les nourrir est notre leitmotiv,
Plus de Beau mais misère qui régit nos actions,
Et toujours cette forte « implacable nécessité »…

### Dream

See the dream and the world, see the world in a dream,
In the shadow of night and the dark of spirit,
Get the world and the secret of untold life.

See the world in a dream, or see truth in the sleep,
Get the sun and the light when the night gets darkener,
 Life is there with the wind, the deep vesperal breeze…

William Blake has got it, this sensitive whisper
Inspired by the night, sweet, good councilor,
He has told the secret of deepest liberty.

Because world is a stage even deep in the dream,
Because when night's calling life's flying like bee
But we don't really hear if the ear is all closed.

Great's the one whose ear greats as a friend
The voice of the night, the sweet song of the wind
And let the fantasy get further his bones…

## Gakona

Sensation et pouvoir du corps sur la psyché,
Énergie, électrique, mouvements et sentis.
Mon parapluie se tend et jaillit droit la foudre
Engendrée par la pile aux volts décuplés.

Pouvoir de la matière animée par la foudre
Qui transit son essence en lui donnant la vie.
Énergie statique qui parcoure mon intime
Et dresse mes cheveux, jouissance électrique…

La vipère douze fois a mordu sa victime,
Il coule plus de mort qu'il n'en faut pour mourir.
Le venin, le courant s'immisce en chaque veine
Et l'excès d'énergie transcende tout l'ouvrage…

Sous les watts l'émotion et le ressentiment
Se font intenses, brusques, mouvements frénétiques ;
Le contact des corps sublime l'énergie,
Lui accorde son trône et sa toute splendeur…

### Injustice

Aux choses de l'amour j'écris ces quelques vers.

— Ruisseau jamais tari des fougues et folies,
Brise fausse qui souffle à l'oreille d'aimer… —

Que n'aimes-tu l'attrait du doigt sans alliance
Et préfères frapper où les fers emprisonnent ?
Pourquoi parer l'entrave d'autant de feuilles d'or
Et sublimer en peine le béant des faibles ?

Tu verses ton léthé dans un cœur enfléché
Et réclames de lui une docilité
Similaire à l'écoute qu'on voudrait d'un sourd.

Abhorré tu dois être pour ce schéma malsain
Dont tu sembles si fier. Abhorré tu dois être !

Frappe donc les déserts que la foudre délaisse
Plutôt que de nourrir la passion germinale !
Ta puissance, offre-la à celui qui te prie,
Ne rend pas plus pénible le fardeau d'Ulysse !

Tu es injuste, infâme, quand tu te joues des cœurs
Et laisses des consciences un souvenir épave !
Tu es injuste, amour, avec les hommes faibles
Qui, cependant qu'en fers, ne peuvent t'ignorer !...

Reçois, injuste amour, ces vers droit de mes yeux
Qui ont vu combien les esprits tu ravages.

Hommage à mes amis éperonnés au vif ;
Quand l'amour et la mort ont vos cœurs en partage…

## Dévotion consciencieuse

Dites-moi que mes pas doivent joindre le Nord,
Dites-moi que mes mots doivent rimer encore,
Épargnez le martyr à mon si faible corps
D'entamer une marche animée par le cor.

Si mes mots doivent dire que la vie est ainsi,
Ne me faites pas tordre et déplier aussi,
Comme si cette argile était à la merci
De toute aspiration, sans ses propres envies.

Parce que l'art est long et que la vie est courte,
Abrégez les souffrances d'une ignorante écoute
Qui guette sans l'entendre l'air qui tout écourte
De la vie et la mort ; grâce à qui rien ne coûte.

Dites-moi de ce pas, que mes doigts les consignent,
Les lois de vos pensées, afin que je les signe.
Donnant assentiment, alors je me résigne
Avant que mes foulées une route désignent.

Injustice je clame à celui qui m'annonce
Fais ce que tu voudras, puis ma marche dénonce.
Donnez-moi mon léthé, en entier, pas une once,
Afin que, de bon cœur, à ma vie je renonce…

## Dictature vespérale

Obscurité, mère de Clarté, à toi mes quelques mots.
Laisse donc à ta fille son heure de gloire.
La nuit vient à son heure, mais bientôt point le jour,
Ne contrains pas ton ventre à retenir l'aurore.

Tu te fanes et altères l'achromie dépassée
Où l'effort perce l'antre de millions d'étoiles
Qui, lumière nocturne, n'attendent que Soleil,
Père de leur clarté, à qui tu te refuses.

Ne sois pas despotique, libère tes esclaves ;
Accorde à l'espérance un repos satisfait.
Il pleut tard dans la nuit, et la bruine nocturne
Se fait lamentation du matin tourmenté.

Nuit, antithèse du jour, vois combien les yeux tendent
Et cherchent de l'aurore le moindre trait pastel.
Ne crains-tu pas l'envers de ton règne de fer
Où tu envoies l'éclair sanctionner les nuages ?

Obscure omnipotente, tes féaux s'enfuient ;
Eux qui aimaient tes fers s'en vont aimer Soleil.
Et quand tu crois régner sur un soir résigné,
Les larmes de l'éther ont séduit les étoiles…

### Puzzle process

Où va donc l'habitude, qui tant me confortait,
De ces pas de géant qui si vite l'éloignent ?
Je cherchais la clarté où l'achrome naissait
Et perdais la raison, si fragile servante.

Le transit s'est levé, et la tour allongée
Transforme l'horizon en ombre verticale.
Alors la convention devint aléatoire ;
Le soleil et la lune en duo dans le ciel !

Mais que chercher encore ? Je ne demande plus
Où sont le Nord, le Sud ; je ne veux plus savoir.
Je laisse l'apprenti perdu devant son maître
Et les larmes muer en un éclat de rire !...

## Phèdre

« Faible projet d'un cœur trop plein de ce qu'il aime ! »
Ainsi présentes-tu le torrent infernal
Qui déferle en fureur dans tout ton corps de femme
Et méprise la loi de l'impossible empire.
Ainsi passion t'impose ce que raison refuse :
Souffrir par chez Minos de la petite mort
Avec Thésée ou fils, épée de ton tourment.
Car te perdre est mourir, et ta mort tu réclames.
— Si la flamme infidèle à ton côté s'égare…—
Le père n'est qu'un nom et ce fils est le corps,
Ton esprit est perdu entre mer et rivage,
Pauvre ! Tu ne peux voir ni la nuit ni le jour,
Ainsi que le taureau sembla homme à ta mère !
Ton cœur brûle et tu n'as que son nom à la bouche,
Le nom de ton époux en voyant son enfant ;
Tes offrandes ne font qu'attiser ce désir
Qui imprègne ton sang dont tu veux te défaire.
Femme trop glorieuse pour aimer le corps,
Le sort se joue de toi et faible tu péris.
Tes yeux traitres te trompent et alors tu confonds
La noirceur de Thésée, la clarté d'Hyppolite.
Malheureuse tu gis alors qu'en ton esprit
Tu n'espères qu'aimer celui pour qui tu meurs,
Jouir en-dessous du père en regardant le fils !...

## Sous le feu d'une étoile

La joie nait de l'abime où mon âme se noie
Depuis l'orée du jour où la terre me voit.
Mon œil que Dieu a fait pour aimer la lumière
Ne voyait qu'un reflet de ses maigres prières.

La volupté du soir émanait sa torpeur,
Seule lueur d'un noir ravivé par l'humeur.
Mais enfin une étoile, timide comme une aile,
A gravi lentement les marches vers le ciel.

Un point dans tout ce noir, un souffle dans le vide
A un jour rendu l'âme à une foi livide ;
Une fleur lentement a dit bonjour au monde
En offrant sa vigueur pour mon âme féconde.

Le noir et les couleurs au concerto d'aurore
Ont fait briller la nuit richement vêtue d'or.
Le soir heureux s'éteint et les armes dépose,
Alors les chrysanthèmes rougeoient comme des roses…

## Cultivateurs de livres

Je ne plie pas sous les meurtrissures du passé,
Stigmates d'une histoire où l'homme usait de l'homme.
La chaise baptisée sarclait, bêchait toujours,
Sa force est demeurée dans les chants de ma peau.

Mais, je ne ferme pas mon esprit à entendre
Les larmes de chacun et les regrets de tous.
Voici la force offerte à l'ensemble des miens ;
Voici l'heure où le jour s'avance à l'horizon…

Pour l'économie sucrée d'une île papillon,
Mes ancêtres ont planté et retourné les champs,
Et en ôtant l'igname, certains ont joint la terre,
Mais toujours résonnait l'espoir de passer mer.

Et cet espoir encore doit animer mon sang ;
— Avant mille douleurs, les voix chantaient l'amour… —
Qu'il résonne encore dans mon cœur nouveau
Ce pouvoir infini du son évocateur !

Mes ancêtres ont planté et empilé les livres,
J'ai le sang de mon père et l'amour de ma mère,
Je suis riche des uns et riche aussi des autres,
Que mon identité ne soit pas reniement…

## De la science universelle

Elle était là, délicate, sur le bord de mon siège,
L'œil perdu au-dehors, l'esprit tout en éveil.
J'étais là, regardant, l'œil noyé dans son être,
L'esprit interrompu, confondue par sa vue.

Qui à cet instant-là pouvait dire laquelle
Était la *res* pensante et l'objet du savant ?

La torsion de son corps n'empêchait son repos,
Là, si bien appuyée devant ces mille livres.
Les avait-elle tous lu ? J'en avais l'impression,
Car l'œil perdu au loin, elle ne les voyait plus,
Tandis que mon regard envie à chaque fois
Ce mobilier savant plein de toutes ces pages…

Percevant certainement mon regard insistant,
Elle me consacra un coup d'œil, un instant.
Son œil semblait traduire sa réflexion profonde
Et j'ai vu un atlas dans le fond de son crâne.
— J'ai vu les continents se succéder sans fin,
Défiler un à un au gré de sa pensée. —

Qui donc aurait pu dire qu'elle ne pensait pas,
Qu'elle ne composait un ailleurs bien meilleur
Malgré son front vierge des rides du penseur ?

Sait-on vraiment jamais, peut-être même encore
Que comme ceux qui pensent et qu'on n'entend jamais,
Dans sa petite tête, elle refaisait le monde.
— Une version romancée, poétique, en son genre. —
Dans sa tête, comme toutes ces pensées
Croissant dans les esprits mais ne naissant jamais…

Peut-être bien que la certitude humaine
S'enrichit d'impotence quand les autres ne peuvent
S'imposer en *res cogitans* influentes
Capables de la vie, mais aussi de la mort…

Peut-être bien qu'alors la vie me présentait
Un Socrate amphibien ayant lu tous les livres…

Elle était installée sur mon siège de lecture
Rêvant à d'autres mondes que je ne soupçonnais.
Regardant mon égale, j'esquissai un sourire
Et rejoignis mon lit la gardant à l'esprit.

Et sa pensée restait encore vive en moi,
Le sommeil était faible devant cette surprise…

Gravissant les étapes vers la noosphère,
J'ai offert mon récit à l'oreille voisine ;
Marchant avec Morphée, j'ai encore discuté
De Petite Grenouille ayant lu tous mes livres…

## Vexation indicible

À l'heure où le bourgeon s'épanouissait en rose,
Il offrit à ce monde son plus charmant sourire
Et attendit du ciel quelque reconnaissance ;
Que son éclat de rire contamine le vent.

Mais alors le soleil n'était point germinal
Et perçut ce sourire comme un plus haut outrage,
Car cette offrande au jour ne fut reçue comme telle
Puisqu'elle dansait heureuse sur la corde sensible.

En retour de sa joie, le bourgeon reçut l'ombre
Et dut vite éteindre son euphorie dans l'œuf,
Car son puissant sourire avait vexé le ciel
Qui cachait dans les nues la douceur de l'ébène.

Le ciel paré de zèbre déferla de suite
Pour punir le bourgeon ignorant de sa faute.
Le pauvre tout transi implora le pardon.
— Si donc je t'ai blessé, ce n'était de mon fait… —

Mais le ciel pris au vif ne voulait pas céder…
—… Cependant, grand soleil, tu uses d'injustice !
Comment donc un bourgeon dépourvu de potence
Pouvait saisir l'essence de ton ressentiment ?

Comment savoir qu'en main j'avais la clé de voute
Et qu'en ôtant la pièce ton tourment serait tel ?
Comment le nouveau-né titillerait le faible
Par-delà le vouloir et même l'ignorance ?

Si donc je t'ai blessé, ce n'était de mon fait,
Ne condamne pas l'être ignorant du péché ;
Offre-lui la lumière afin qu'il puisse voir
À travers le chaos le fer en ta poitrine !... —

## Regret, en souvenir du présent

Œil subjugué d'achrome, mot faible comme pierre,
mouche que la main chasse du cercle des mourants.
Mourant toi-même déjà mort,
Péché tentant offert aux hommes.

Vigueur usée pour affaiblir,
porte érigée en mur,
cloison des vents, naturel bitume :
atouts dont ta main use pour dorer la passion.

Les mourants hument l'air qu'il leur faut pour finir,
mais tu en fais un luxe,
injections d'oxygène in memoriam.

En mémoire d'un temps où tu existes encore,
souvenir d'un passé qui trompe l'avenir
et susurre au présent des paroles doucereuses,
flirt factice, esprit pensant plus vivre,
mais vivant bien encore.

Œil fiché dans la nuque, passé en perspective,
sentiment sourd, aveugle,
si lourd que l'âme d'un prêtre.

Regrettant oisif, main coupée de ton fait,
inactif au cœur lourd,
illusionné passif vivant seul pour avoir vécu…

## Hope

When the sun tells a rock go, shine, be jewels,
A whole nightmare sings as a bright fantasy,
Thus the weeping candle offers her shinning warm
So that the silk of dreams says goodbye in a flame.

The sweet hand is a smile, a deep God-have-mercy,
An eternal blessing by caressing heavens.
So right then cries the sky, weeping of tenderness,
Motherhood saint task of breast-feeding new-borns.

Thanks for your tears, mummy, sweet, strong being
Able to bring new life through welcoming womb.
When the sun speaks to Earth with lightening, sound and so,
He orders light to be anywhere dark was king.

Thus the empire of Night is no more than whisper,
A sweet cool murmur in the recollection.
Night was deep but deeper is the day on-coming
Where hope blossoms in minds and feeds each piece of word.

When the sun tells a rock go, shine, be jewels,
This is no more than hope melting with fantasy;
This is a step beyond to the day of blessings
Where the night down on knees gives her throne to the day…

## Espoir

Quand le soleil dit à une pierre va, brille, deviens joaillerie,
Un profond cauchemar chante comme un fantasme céleste ;
Alors la bougie en larmes offre sa chaleur lumineuse
Afin que la soie des rêves s'éteigne en une flamme.

La main douce est un sourire, un profond Dieu-soit-loué,
Une bénédiction éternelle en caressant les cieux.
Alors de suite le ciel pleure, épanchement de tendresse,
Sainte tâche maternelle de nourrir au sein les nouveau-nés.

Merci pour tes larmes, mère, être doux et potent
Donnant la vie nouvelle par ta matrice accueillante.
Quand Soleil parle à Terre par l'éclair ou l'orage,
Il ordonne à la lumière de siéger où l'obscurité était reine.

Alors l'empire de la nuit n'est plus que chuchotement,
Un doux et agréable murmure dans le souvenir.
La nuit était profonde mais plus profond est le jour à venir
Où l'espoir fleurit dans les esprits et nourrit chaque mot.

Quand le soleil dit à une pierre va, brille, deviens joaillerie,
Ce n'est rien de plus que l'espoir qui s'allie au fantasme ;
C'est un pas en avant vers le jour des bénédictions
Où la nuit agenouillée donne son trône au jour…

## Hola RD

Mon pied posé céans a signé le silence
De ma muse caprice si contemplative.
Voici les quelques vers que distraite elle chante
Ne pouvant se soustraire à l'étrange pays.

"Diferente, palabra resumen de todo.
Los labios sonrientes ofrecen mil holas,
Amistad con todos los desconocidos.
Las manos calientes apoyen el hola
Y el sol se pone acogedor de luz.

País extraño a donde la gente
Sin artificios y con la gracia de Dios.
La mezcla cultural, riqueza ardiente
De los hombres de RD ricos de corazón.

Levántate mano y con calor contesta
A los holas cantantes que ritman el día.
Alma ofrecida, acoge el país
Que abre su puerta y da su meollo:
Profundo y eternal buenos días al sol."

## Memento

Sur le bord du Léthé méditait un damné.
Ses crimes, ses espoirs le poussaient vers le fleuve
Aussi fort que l'asile appelle l'oublié.

La virginité létale en vive sirène
Tentait le supplicié qui pourtant résistait
Au repos de son âme à la vie condamnable.

Il avait une flamme et ne voulait l'éteindre ;
Il avait une main qu'il ne voulait lâcher ;
Un si doux souvenir à sauver de l'oubli.

Il refusait d'offrir au Léthé salvateur
La fougue, la passion qui rachetait encore
L'âme que les stigmates contraignaient aux chaînes.

« Je ne veux oublier ce sourire, ces yeux,
Ces larmes épurées, ce cœur plein de tendresse,
Quand bien même l'oubli rachèterait mes fautes.

Cruel, tu pardonnes ce qu'indigne de l'homme
Mais tu ôtes le feu qui fait de moi un homme,
Supprimes mon péché ainsi que ma tendresse !

Je ne veux te céder cette joie en mon cœur
D'avoir touché un jour au bonheur avec elle
Dont le seul sourire m'éloigne de tes eaux…

Je renonce à la paix mais aussi au tourment,
Je garde mes péchés s'ils sauvent ma passion
Et résiste à ton bord où sont morts tant de vœux !... »

Mais alors il glissa et tomba dans les flots.
Il invoqua si fort la mémoire des cieux
Que les eaux du Léthé se tarirent d'effroi.

Ainsi naquit celui qui refusa l'oubli,
Et monta du Léthé en un chant de mémoire
La liturgie des larmes ; un sourire éternel…

**Alogos**

Abîmes où cachez-vous les mots que je recherche,
Mon grimoire est usé, les formules s'échappent…

Je ne vois plus les sorts qui posaient un sourire
Où la dent du Cerbère envenime l'ouvrage ;
Je ne sais comment voir l'astre de l'Amérique
Et suis contrainte au noir d'un flambeau trop honnête.

Où est la cantharide des rêves ternis ?
La noosphère fane et me ferme ses portes…

Je veux humer encore ce poison, cette joie,
La fausseté d'un monde où s'enterrent les sages ;
Je veux rêver encore à la jeune vigueur
Cependant que l'orage emporte le pétale.

Quête damnée du faux pour mentir au réel ;
Parcourir les méandres et y trouver Euphore ;
Souvenir de l'aurore où les astres s'endorment…

Où sont ces mots de fourbe qui trompent le temps
Et font le grabataire s'éteindre en un sourire
Parce qu'il avait cru humer un nouveau souffle ?

Où sont les mots puissants, les formules fatales ?
Où est la voix du cygne épuisé des transports
Et qui voudrait enfin tirer sa révérence ?...

## Plutôt le faux espoir qu'une vie déjà vaine

Mentez-moi, dites-moi qu'il y a un espoir
Même si tout s'effondre et invite à l'oubli ;
Promettez-moi qu'un jour le soleil brillera
Même si vous offrez vos esprits à la nuit…

Je veux vivre et mourir, me livrer à l'espoir
Qui si fin qu'un pétale est fané en vos cœurs ;
Je veux croire en demain même si la nuit tombe
Et promet que jamais la lumière sera !

Faites croire à mon âme que demain sourit
Et qu'elle peut contrer l'achromie de ces fers ;
Osez chanter la vie alors que périclitent
L'empire de ce monde et les vœux de nos anges.

J'ai un cœur qui aspire à la grande épopée
Mais il semblerait bien que sa quête soit vaine…
Ayez pitié du faible et faites croire au ciel,
Cachez votre langueur et soyez chevaliers !

Montrez-moi les sourires qui jurent sur vos lèvres,
Dites-moi que toujours vous aspirez au bien,
Faites-moi le serment genoux bas sur la pierre
Que toujours vous œuvrez à parfaire le monde.

Mentez-moi, dites-moi qu'il y a un espoir,
Ne me laissez pas voir la faiblesse de l'œuvre ;
Ne me faites pas voir que j'ai reçu des ailes
Comme un simple ornement inutile en ce monde…

# Why'z panthera

## Why'z Panthera

Me voici devant vous couchée sur cette page,
Je vous ouvre mon cœur ainsi que mes entrailles :

Ma plus grande espérance est réduite à néant
Dès que le courageux s'abandonne aux caprices
Alors que l'innocent caresse l'abhorré
En regardant l'humain se rouler dans la boue…

J'aime… J'aime la vie ainsi que tous ces gens
Qui courent le poing levé par-dessous leur chemise…
Ah ! J'aime aussi le matin où les tendres couleurs
Câlinent encore la nuit en riant au soleil…

J'aime ces camaïeux de couleurs, d'émotions,
Le sensible d'un pleur retenu près de l'œil
Au lieu du vain ruisseau qui ruine les cœurs…

Ainsi donc est ma vie, ainsi va ma pensée,
Lisez sur cette page mon nom, mon intime,
Voyez les maux d'un cœur et sa simplicité…
Voyez donc les remous de mon âme enchaînée…

Cette page aurait pu si bien être roman
Que mes larmes et rires imbiberaient les mots,
L'eau coulerait des pages de même qu'en mon corps
Et celui qui des mots ne voit que la couleur
Pâtirait de la soif et mourrait sur ce fleuve…

Me voici, voici l'être, voici ce que je suis,
Mais pour parler de moi citerez-vous ces mots ?
Au contraire ma vie doit couler d'un seul vers,
Ainsi vous porterez mon essence à vos lèvres
Par la simple mémoire d'un nom conciliant
Hérité de Pandore, artisans de l'ébène…

## À la jeune colombe

Je veux que tu sois dure et veux que tu sois belle,
Que l'orage et le vent t'effleurent comme brise,
Comme si de l'Éther tu étais descendue
En messie qui amène tout l'espoir du ciel.

J'interdis à ton cœur d'ouvrir si grand ses portes
Au doux chant d'un exil où périssent les riches,
Ceux qui plus aiment l'aube aux rayons prometteurs ;
Ceux dont l'âme trop frêle est pavée d'innocence.

Va, respire l'air pur au-dessus des montagnes,
La pureté des cieux, la légèreté d'or ;
Ignore la chimère d'un bonheur niais
Dont les effluves envoutent aussi bien qu'ils achèvent.

Accepte la lumière, refuse l'achromie,
Porte loin ton regard, si loin que peut ton cœur ;
N'ignore pas ta flamme et l'esprit qui t'anime,
Ce qui de toi fera une fleur éternelle.

Dessous ton doux velours imite scarabée
Qui aux riches couleurs ajoute carapace ;
Garde ton doux sourire, témoin d'innocence,
Mais préserve ta flamme des morsures d'argile…

## Good morning Sweet Angel

Thus praised by night the angel down on knees,
Asking up for some light in the deepest worship.

"I was lost in the night and calling up for Thee,
' Thought never Earth'd be womb for the sweetest being.
But right there in the wind came a wild fantasy,
A sweet and cool murmur in the recollection…
Thus Thee gave an island to the poor and lost soul;
Thus Thee gave a sunshine to the wounded stomach…"

And thus the bird of life spreads its large and bright wings
And flies to the heaven drying the angel's tears.
With the best will ever, as some thanks to your pray,
Sun offers you his gold and the best jewelry…

## Bonjour à Petit Ange

Ainsi, durant la nuit, priait l'ange à genoux,
Profonde adoration implorant la lumière.

« J'étais perdu dans la nuit et je T'appelais,
Sans penser que la Terre porterait la Tendresse.
Mais vint par cette brise un fantasme violent,
Un murmure frais et doux dans la réminiscence…
Ainsi tu donnas gîte à l'esprit égaré ;
Ainsi tu fis le jour pour le cœur écorché… »

Alors l'oiseau de vie déploie ses blanches ailes,
S'élève vers les cieux séchant les pleurs de l'ange.
Et voulant ardemment remercier ta prière,
Soleil t'offre son or et ses plus beaux bijoux…

## Passions adverses

« Et la fleur au fusil, sous le ciel gris de cendre,
Elle allait chantonnant parmi les flaques humaines,
Le cœur plein de ces maux et nourrissant aussi,
À l'automne du monde, un amour germinal… »


## Remous

« À mes lèvres s'épavent mille mots et prières
Ainsi qu'un promenant trouve devant ses pas
Sur le rivage échoués les soupirs du grand large… »

### Elpis èmerou
#### L'espoir du jour

Comme le roi du Spleen, il avait un espoir
Nourri par tant de nuits qu'il y avait d'étoiles.
Ses yeux levés au ciel incitaient sa révolte
Comme l'oiseau contraint aux méandres du monde.

Dedans le labyrinthe où s'ébattent ses peines,
Un faible écho s'élève, une prière au jour.
Il voudrait tant la suivre et sentir plus que brise,
Ivre de cantharide à défaut de bonheur.

Il sent son idéal dans le fond de son cœur
Qui l'appelle d'un air porté seul par la nuit.
Il essaie de répondre, s'écrit frénétique
Mais son cri n'ajoute qu'un filet de poussière.

Le fil s'est emmêlé et la main qui le suit
Refait mille fois route vers les vanités.
Il voudrait tant toucher le cœur blanc de la nuit
Et s'allonger enfin satisfait de sa vie.

Le pauvre homme se fane en fragile pétale
Tant que son cœur sensible est privé de l'espoir
De parvenir un jour à contempler enfin
« Dans le fond du théâtre l'être aux ailes de gaze »*…

\* <u>Les Fleurs du Mal</u>, Baudelaire

# Un jour, ta délivrance ?

Je n'ai jamais bien supporté
D'avoir mon passé juste en vue.
Ô que fais-tu, Terre, des années,
Milliards que je ne compte plus ?

Comment garder la tête froide
Après tant de hauts et de bas ?
Que de traces de l'époque froide
Comme de l'année juste là !

Des émanations de ton sang
Remontent, car tu es blessée,
Oui, depuis le cœur jusqu'au flanc,
Par tant d'années accumulées.

Et maintenant, en coup de grâce,
Tes grands enfants au mal forgés
T'achèvent : ils rongent ta glace !
Que d'incultes sans une pensée !

Aujourd'hui que tu n'en peux plus,
Tu saignes, et ton sang les fait fuir.
Car tous ces amas de chair crue,
Tu pourrais bien tous les cuire !

Puis, sans te dire : « Pardon, Maman »,
Ils renfoncent encore leurs bêches
Et en rajoute à ton tourment
En t'ignorant. Que de têtes sèches !

Ô combien de temps tiendras-tu
Avec ton âme comprimée,
Méthane, qui le jour venu,
Sauvera ta face de ces damnés ?...

**In memorem**

Pourrais-je dévoiler à ces consciences de l'or
L'intime profondeur ; les méandres de ma vie ?
Pourrais-je dire un jour : « je ne sais qui je suis :
Suis-je celle que je crois ou celle-là que j'ignore ? »

Pourrais-je survivre dans cette réalité
Qui constamment demande de faire tonner sa voix ?
Cette vie n'est pas mienne, elle n'est pas selon moi.
Je ne peux que la suivre et bien m'y conforter.

Dans cette existence pressée par les envies,
Ais-je droit à l'erreur ou à la défaillance ?
À ceux qui croient en moi, qui m'entraînent dans leur course,
Pourrais-je dire un jour : « je ne sais qui je suis… » ?

## Hommages posthumes

Quand mon âme s'en ira très haut en haut du ciel ;
Quand mon corps ne sera pour les vers qu'hydromel,
Alors vous clamerez la puissance de ma voix
Qui, épuisée maintenant, s'élevait autrefois.

Et alors vous direz qu'était beau le dessin
Que je m'évertuais à montrer à l'essaim
Qui agité, affairé n'en a jamais eu cure.
Vous ferez en mon nom une belle sculpture.

Mais du temps où ma voix tonnait avec entrain,
Quelle mémoire gardez-vous de cette absence de mains
Salvatrices pour mon âme que j'attendais en vain ?
Que pensez-vous des vils qui jamais ne firent rien ?

Il est simple et facile d'acclamer à sa mort
Quelqu'un qui toute sa vie s'est offert de l'effort.
Il est d'usage courant d'ignorer les appels
De ces vaillants lutteurs cependant qu'ils appellent.

Puis une fois que, lassis, ils rejoignent leur tombe,
On pleure on les réclame comme richesse du monde.
Et tous ces là pour rien diront, sots et complices :
« Grand savant qui donna sa vie pour la justice ! »

**Des lettres et des maux**

Quand je fais un tableau mes traits ne sont précis,
Car ma main veut écrire, et des lettres elle forme.
Elle veut mettre des noms sur les maux de ma vie,
Elle veut rendre explicite l'abstraction de la forme.

Pas de traits mais des lettres, mes courbes semblent des mots.
Sur chaque trait se supposent des syllabes qui résistent
À la raideur du trait pour quand même qu'elles existent.
Chaque hanche semble écrite, chaque mal est un mot.

Elle ne veut dessiner ni tracer les contours.
Elle ne veut s'appliquer, ni finir le tableau.
Ma main refuse le trait, elle en fait le contour.
Au lieu de dessiner, ma main écrit mes maux…

## La confiance en lacune

Au crépuscule d'un soir où j'admirais la lune,
Le soleil m'accusa de lui être infidèle.
Il voulut m'enchaîner au comble d'infortune
Pour avoir admiré une clarté si belle.

Car les yeux disait-on sont les miroirs de l'âme…
Il croyait qu'à la lune j'avais donné mon cœur.
Me voyant toute entière brûler de milles flammes,
Il conçut que la nuit fut muse de mes heures.

Mais jamais il comprit que mon cœur fut à lui
Et empli de méfiance il redoutait minuit.
Mon éloge à la nuit ravivait la complainte
Du soleil maladif mendiant de ma plainte.

Mais jamais il comprit que l'objet de ma vue
N'était nullement l'égal de sa suprématie…
Celui qui aime l'éther, du ciel est descendu ;
Celui qui chante la mort est féal de la vie…

Le soleil ignorait que ma vue à la lune
N'était pas raccrochée, ainsi que le pleureur
Adule les heures de joie. Ma visée n'était qu'une :
M'imprégner du blizzard ; désirer la chaleur…

## Regret du germinal

« Pourquoi le rivage trahit les profondeurs ?
Pourquoi les remous montrent cailles et varechs
Et amènent de force à la vue les remords ?

Volonté inutile d'une peau impotente
Qui voudrait conserver dans l'intime les peurs,
Les désirs et complaintes ; une vie immorale…

Pourquoi donc un revers attend toujours le rêve
Et fournit à l'idylle sa touche d'achromie ?
— Le jardin de l'Éden avait son arbre noir —… »

Toujours avance l'être dont les mots s'effondrent
À mesure que l'heure l'amène à sa tombe
Où gisent condensés ses rêves d'éternel.

Plus avant il progresse et serre ses présents
Qu'il posera en terre avec toute sa vie
Une fois arrivé à la fin de sa course.

Il regarde le ciel et voit noircir l'azur,
Alors le cœur serré il n'a qu'une espérance.
— Si encore un matin se levait sur Harfleur…

« Pourquoi toujours l'espoir et jamais son enfant ;
Pourquoi tous ces cantiques invocateurs de vide ;
Pourquoi l'âme blessée verse-t-elle ses humeurs ?...

Ainsi mille pensées en lutte dans mon cœur
Transparaissent poignantes malgré tous mes efforts
Et traduisent mes maux se servant de mes mots…

À mes lèvres s'épavent mille mots et prières
Ainsi qu'un promeneur trouve devant ses pas
Sur le rivage échoués les soupirs du grand large... »

Une fois arrivé il courbera l'échine
Tant sous le poids des vœux qu'en hommage à la fin
Et il posera tout, tous ses maux, ses bonheurs ;
Ses mille chrysanthèmes au pollen cantharide.

Et là, agenouillé, sur le sol, en sa tombe,
Il offrira l'essence au néant salvateur,
Maintenant que la vie n'a plus rien à offrir
Que le regret du noir où tout était à peindre.

Et l'œil alors aqueux il dira en un souffle
Le fond de ses entrailles ; son profond soupir...
« En mémoire d'un temps où tout était poussière ;
D'un temps où le chaos donnait vie à l'espoir... »

## Esencia del verbo

Escribir el alma con la sangre del mundo,
página blanca pidiendo sacrificio,
escribir la vida con la mano del hombre
que bebe lágrimas de sombra,
escribir los hechos más conmovedores,
escribir poemas con los corazones…

## Essence du verbe

Faire le récit de l'âme avec le sang du monde,
page blanche réclamant sacrifice,
écrire la vie avec la main de l'homme
qui boit des larmes obscures,
écrire les faits plus émouvants de tous,
écrire des poèmes à l'aide de nos cœurs…

## Plaidoyer à l'humain

Qu'étonnante est la vie d'une femme en ce monde !
J'ai rêvé de bonheur même si j'ai souffert,
Ne dit-on pas d'ailleurs qu'en connaissant l'aval
On sent plus frais le vent en amont des collines ?

J'ai surpassé l'angoisse de toute naissance,
Celle qui transparait dans tous les premiers cris ;
J'ai renforcé mon cœur contre l'indifférence
Et l'œil inquisiteur de tous les ignorants
Qui jugent bien trop vite et ignorent mon être…

Les regards négatifs qui transpercent le cuir
Passent sans écorchure ou la moindre éraflure
Sur l'écorce tannée de ma peau désormais…

Je veux tout et puis rien, je rêve et crains le pire ;
J'hésite dans la vie comme un autre ferait ;
Je souris à tous ceux qui m'adressent un sourire
Limpide comme une eau sans la moindre couleuvre…

Je ne demande rien si ce n'est le respect,
Je n'attends pas des autres ce qu'ils ne peuvent donner.
Aidez-moi à vivre comme toute autre femme…

Si vous ne saviez pas, vous seriez volontaires…

M'avez-vous entendue, avez-vous compati ?
Voyez-vous que si simple est ma requête aux hommes ?
Tous avaient accepté de me tendre la main,
Jusqu'à la lumière sur ce profond secret…

Eh bien je vous le dis, ce mal qui fait fuir,
Qu'importe que je sois à vos yeux condamnable
Ou que vous compreniez que j'ai place en ce monde !

Je n'attends pas de vous l'altruisme inédit,
Je veux que vous sachiez pour qu'alors la valeur
Soit en vous ou absente selon votre élection.
Puisque le choix fait l'homme et toute sa valeur,
Je ne vous laisse pas compatir à l'aveugle
Afin qu'à la lumière de cette connaissance
Vous vous fassiez humains ou rejets de la cause…

Revoyez tout cela, voyez ce que j'ai dit ;
Retenez l'empathie jusqu'à l'ultime vers,
Jusqu'à la découverte qui vous donne foi
Et sachez si en moi vous vous reconnaissez,
Vous qui cachez l'essence qui fait tout homme riche,
Vous qui montrez l'espoir et pleurez en vos cœurs,
Vous dont les sourires jurent dans la nuit…

Me plaindrez-vous toujours une fois faits savants
Ou me fuirez-vous tous en toute hypocrisie ?
Je vous laisse juger si vous vous ignorez
Ou si vous acceptez le sensible des cœurs…

Revoyez ma complainte, ce long plaidoyer
Et liez vos paroles à un fait de conscience.
Revoyez tout cela selon ce dernier vers :

Je m'appelle Annabelle et je suis née Antoine…

### Phoenix

— Oser la révérence au sommet de sa gloire,
Baisser le couvre-chef au milieu de ces chauves,
Humilité suprême, honneur consolidé… —

« À quoi bon cantonner ma vigueur à ce faux
Leitmotiv qui n'est plus que vive illusion ?
Pauvres, faibles sont ceux qui refusent d'admettre
Que le jour a changé de même que les cœurs !
Ce que je fis hier garantit mon étoile,
Cependant j'entends là venir avec le vent
Le soupir si puissant, la capitulation… »

— Déjà faible, il allait refermer le coffret
Sur ses espoirs, ses doutes, sur ses souvenirs.
Il s'en allait brûler à jamais la recette
Qui tant de fois jadis avait fait la lumière… —

« Tenez donc, mangez, flammes intarissables,
Le fruit de mon labeur, joyau de ma jeunesse.
Je ne suis plus l'enfant qui rêvait d'idéal,
J'ai bu le sang du monde et ma vue a changé.
Mangez ce qui jadis aurait fait mon bonheur
Et qui devant ce jour n'est plus d'aucun secours… »

— Oser jeter son cœur au brasier de l'oubli
Qu'il consume tout ce qui faisait l'entité
Et partir de nouveau à l'assaut des années
N'ayant pour seuls recours qu'une plume nouvelle,
Une encre immaculée, des pages virginales… —

« Puisque vie et mouvement sont de si vieux amis,
Je serai plus léger que plume d'ilalou,
Délivrerai ma barque du poids du passé
Pour suivre sagement le courant du Léthé… »

## Essence

Si l'être périssable vise l'éternité,
Si l'être en soumission se dit maître du monde,
Si l'être en potence abandonne ses pairs…

Voici venir les jours où le néant se tait,
Où l'œil contraint de voir regarde son échec…
Voici venir le temps où contraint d'avouer
Le sur-estimateur révise ses jugements.

L'homme est une équation dont la valeur principale est la
plus grande inconnue…

Dans ses institutions ainsi qu'en ses enfants
L'homme met tout son être en l'offrant au futur,
Mais il oublie souvent que le présent exige
Et que l'urgence est reine devant l'idéal.

« Vis au milieu des tiens ! Lui crie l'éternité.
Avant de voir le ciel, vois la terre où tu vis !
Profite de tes mains pour construire au présent
Le plus grand contentement du jour à venir !

Carpe diem, enjoy it, aprovecha, profite
De l'instant ci-offert qui ne reviendra pas;
Inspire l'oxygène à portée de ta bouche,
Laisse à Dieu l'éternel et bâtis ton empire
Dans l'instant que tu nies et qui fait ton essence… »

Ces mots sont exprimés dans la langue du monde
Que l'homme n'entend plus à trop chercher fortune,
Et frappant dans les cœurs ils font vivre l'adage :
Les passions mènent l'homme à sa simple nature…

## El pintescritor

Si me ocurría algún día soñar
con dejar este mundo en pos de vida,
llamaría éstos, escritores de verdad,
ustedes, famosos por los dedos de quienes
el ave canta, la boca sonríe.

      Hubiera buscado el meollo deste arte
      con que la tierra fea lleva pañuelo de sol.

Ayúdenme brujos del cielo,
¿Cómo se puede abrir los brazos
y acoger Alegría
mientras Envidia caprichosa
conmueve el valiente y le pone
enchiqueteado?

Ustedes, Neruda, Huidobro
y sus iguales,
entréguenme el arma que pone fuego al negro
y pone feliz el atormentado.

      ¿Cómo tener confianza
      en las frases que no mueven,
      que solo en el papel pueden moverle el alma
      a el que se atreve a leer?

¿Cómo formar con palabras los cielos sin las gotas?
Quiero saber, enséñenme
cómo dar luz a la noche,
cómo cambiar lo que duele,
cómo crear mi jubilo,

      cómo pintar con palabras…

## El pintescritor ou l'écriture plastique

S'il m'arrivait un jour de songer
à quitter ce monde en quête de vie,
ce sont eux que j'invoquerais, les vrais écrivains,
vous, illustres par les doigts desquels
l'oiseau chante, la bouche sourit.

     J'aurais recherché l'essence de cet art
     qui revêt la terre immonde d'une écharpe solaire.

Aidez-moi sorciers du ciel,
comment peut-on ouvrir les bras
et accueillir la Joie
quand Envie capricieuse
émeut le valeureux et en fait
un fébrile ?

Vous, Neruda, Huidobro
ainsi que vos semblables,
offrez-moi donc cette arme qui enflamme le noir
et remet à la joie l'homme tourmenté.

     Comment avoir confiance
     dans les phrases immobiles,
     qui seul sur le papier peuvent mouvoir l'âme
     de celui qui ose lire ?

Comment construire en mots les ciels sans orage ?
Je veux savoir, enseignez-moi
comment illuminer la nuit,
comment changer ce qui fait mal,
comment concevoir mon bonheur,

     et comment peindre avec des mots…

## Féminité multiple

On me demande d'écrire un éloge à ces femmes
Par millions sur la terre qui porte nos voix,
Mais s'il est une chose que je peux bien faire,
Ce n'est pas comme tout autre ressasser des images :
« Mère poteau », « Femme battante » ou autres similaires.

S'il est une aptitude qui me sied à merveille,
C'est plutôt de puiser dans le fond de ces cœurs
Le motif de leurs pas, l'espoir qui les habite.
Je ne peux m'arrêter à un universel
Qui trop souvent sert de vérité générale.

Parce que chaque femme est unique en son âme,
Parce que chaque voix cri ou murmure à son aise,
Parce que chacun des cœurs est rubis singulier…

Je clame haut et fort que voici leur richesse :
Ce ne sont pas les groupes ou les catégories
Qui ternissent le feu intrinsèque de chacune,
Mais c'est vraiment cela, cette diversité
Qui fait que chaque femme est une force vive.

Il faut laisser briller le diamant que chacune
Tient fermé en son cœur parmi tous ses désirs.
Il faut faire confiance à ces roseaux puissants
Qui plient sous l'ouragan et se relèvent après.

Chaque femme est unique, je ne peux déchanter,
Voilà pourquoi la femme est le miroir du monde,
De ses larmes fragiles et des plus grands bonheurs…

## L'amour avec Bazil

Je ne sais pas, mondieu, ce que préparent tes saints,
Quel ouvrage ils façonnent à l'horloge du monde.
Leur as-tu commandé l'heure finale du monde,
Je ne sais mais leur œuvre n'est que trop bien montée.
      Seul toi sais qu'il n'est de saint à qui se vouer
      Car tous ont à la main les outils du dessein.
      Quand bien même leurs yeux regardent un suppliant,
      Il n'y a rien à voir que la non volonté…


Les hommes se concertent pour cerner le futur,
Prévoir mondes et monts sans savoir le passé,
Mais qu'y a-t-il à voir si ce n'est le silence
Que finit par former le bruit des voix muettes ?
      Avions-nous donc besoin de Babel et sa tour
      Pour créer la discorde entre sourd et muet ?
      Il semble que sans ce fer l'homme serait esclave
      Car l'oreille n'entend et la bouche ne parle…


Étrange sensation d'un lendemain qui pleure,
La lyre de l'Orphée et la flûte de Pan
Insinuent dans la brise une alerte plaintive,
C'est là le stimulus de tes anges à l'ouvrage
      Ainsi que les tambours animent la galère.
      Mais cette mélodie arrive jusqu'aux hommes
      Qui n'y voient qu'une brise, un sifflement du vent,
      Or les gouttes de pluie sont les larmes du monde…


Volonté aveugle de toucher à demain
Sans la science d'hier ni du jour ci-ouvert,
Désir de tout aveugle d'admirer la nuit
Sans jamais percevoir le camaïeu du soir.

Sous la brise si lourde tous les hommes s'étendent
Heureux de la fraîcheur qui excite leur peau
Et frémissent d'extase sans voir que leur frisson
Est la caresse feinte du tendre Damoclès…

### Akosmou pais
L'enfant du désordre

Moi, l'être de désordre dans un chaos rangé,
Va, vis, deviens et laisse-moi à ma peine !

Que m'importe cet ordre castrateur de désirs
Où mon imaginaire ne conçoit que rivière,
Non pas cours d'eau tranquilles, mais courants déchaînés
Qui implorent le vide de répondre au néant ?

Que m'importe la forme, l'étau qui broie l'esprit
Dont les membres trop longs pour le conventionnel
Sont brisés, repliés, rabougris pour le cadre,
Cette grande abstraction qui dit aimer l'humain ?

Que me servirait donc d'avoir tant de désirs
Si plutôt que chercher leur assouvissement,
Je m'étendais servile en me pliant aux chaînes
D'une idylle illusoire où se plient tant de grands ?...

Ici est mon royaume, fondé dans cet instable
Que ton institution refuse comme une ombre.
Ici est le désordre qui ordonne mes pas,
Cependant que les mains, ne sachant trop que faire,
Ne jurent que par l'aveugle qui les mène à l'opaque.

Meilleur est le supplice loin des murs affamés
Qui s'unissent, prison pour les âmes trop faibles.
Mieux vaut souffrir l'exil où la chair se fait rare
Si le pays d'accueil aux riches victuailles
Ferme toutes les portes au festin spirituel.

Anti-conventionnel, où s'amarre un navire
Inconstant en tout port, constant dans l'océan ?
Rebel au non-humain, que choisir l'abstraction
Des murs si insonores à la voix de l'humain ?

Moi, l'être de désordre dans un chaos rangé,
Va, vis, deviens et laisse-moi à ma peine !

## Théophile

Une voix, un soupir et tout se réveilla.
La genèse de l'homme se nourrit de son verbe.

Des pensées, sentiments, sensations par milliers,
Et l'homme enfin perçoit celui qui le regarde.

Celui qui, l'œil ouvert, a lancé ses appels
Vers le ciel et espère qu'une réponse vienne
Portée par les averses ou le soleil, qu'importe,
Intuition initiale d'une présence absolue.

Qu'il soit de Guadeloupe, Madère, ou du Chili,
Le sentiment commun est celui d'une présence,
D'un être qui regarde au-delà des nuées
Les mortels se débattre au Colysée du monde.

Ensuite vinrent Babel et ses murs de discorde
Qui séparèrent les voix aussi bien que les cœurs.
Ainsi l'essence vint-elle assignée à des murs,
Avec autant de formes que la terre connait d'hommes.

Chacun cherche en ces murs l'écho des voix divines.
Libre à tous de chercher une forme ancestrale
Du sentiment suprême, de même que chacun
Tente de capturer l'essence du bonheur,
Hologramme puissant qui anime les vies.

Moi, cependant, je n'érige des murs
Que pour mon domicile et laisse cette essence
Aussi libre d'errer que Pandore et ses pairs.
S'il est quelque recoin où je cherche l'ultime,
Ce n'est pas dans les murs, mais tout au fond des cœurs.

Pour chercher la puissance, comme Faust et ses frères,
Je chercherai le verbe qui émeut tout rocher
Plutôt que d'enfermer toute pierre épanchée,
Quand bien même ma fin au théâtre du monde
Volerait la réplique à celle de Prométhée.

Car, ne doit-on donc pas chercher l'essence de l'être
Sinon en ses produits, dans cet être lui-même ?...

Homme avide de trône à l'affut d'un féal,
Ainsi Dieu se perdit en un désert d'images…

### Virtus

À l'hiver de ce monde tout vit de sommeil,
Alors, tout un chacun en son hibernation
Consomme ses acquis en prêtant bien l'oreille
Et guettant tous ces jours de lointaine moisson.

Chacune des journées est subtile alchimie
Entre rationnement et famine vorace,
Entre ultime confiance et terreur infinie,
Entre l'encre muette et la plume loquace…

Ne comptons pas l'histoire de celui qui, l'été,
Avait tant recueilli de savoirs pour l'hiver,
Mais voyons celui qui, avant l'heure de glace,
N'avait su assembler autant de victuailles.

À chacun des matins où le blizzard réclame
De puiser à la source des acquis d'été,
Il se crispe, ses doutes l'enserrent comme une geôle
Et sa voix ne tient plus que du cri des fourmis.

Il ne sait si la pluie épargnera l'ouvrage
Si faible de ses mots qu'un simple vent menace,
Ou si dans son sillage elle n'emportera pas
Les maigres édifices d'une main fragile.

Mais qu'importe le doute, qu'importe la confiance,
Nul ne sait si le vent proviendra de l'Arctique,
Ou s'il sera porteur de la douche chaleur
Des pays que jalousent les enfants du Nord.

Ainsi doit-il avoir la confiance du roi
Qui devant la bataille mène son armée,
Il part toujours vainqueur et confiant en ses forces
Plutôt que d'envier de l'autre les faiblesses…

## Morphéa, en secret

Ne dit-on pas du jour qu'il rassure les êtres,
Que sa lumière n'est que bénéfique à tous ?
L'astre du jour que chantent des milliers de louanges
Qui s'élèvent du sang des Indiens d'Amérique…

Tremble donc, ma nuit, devant l'aube nouvelle
Qui annonce le glas d'une passion si douce
Où le vif des couleurs n'altère pas les cœurs !

Crains donc ce crépuscule où tous vivent d'espoir
Alors que ces matins menacent mon idylle,
Menacent notre chant mêlé dans le néant !...

Déjà tremble mon cœur si craintif de cet heur
Où ta voix ne sera pour moi qu'une étrangère
Et ton immensité ne sera pour mon corps
Qu'aussi inconvenante que brise indélicate…

Tremble donc avec moi, tremblons encore une fois
En ce temps volatile qui se rit de nous !
Tremble, tremblons encore tant qu'il reste du noir,
Que les yeux ne fustigent les corps pleins d'émotions !...

Devant Dieu un suffit, cependant devant toi
Les deux joignent le sol et j'écarte les bras,
N'ai armes ni défenses, seuls tes mots, tes silences
Et la sérénité du sage au cœur léger…

Reçois ma dévotion autant que vit ton trône,
Tant que le jour trompeur n'a endormi le monde.
Laissons les pulsations de la terre en éveil
Résonner en l'osmose de nos entités !

Profitons de cette heure à l'instar du vieux cygne,
Abandonnons le beau, chérissons le sublime
Afin qu'au point du jour la brise chante encore
Le plus majestueux de nos hymnes à ce cor.

Et moi, au crépuscule qui invite le soir,
Fidèle à ton appel si tendre qu'une plume,
Ci-offerte à tes souhaits, à l'insu des regards,
Je reviendrai ici et t'attendrai encore…

### Aux palabres lacunaires

Constance, inconstante, cesse donc d'instiller
Dans mon cœur espérant tes illusoires récifs
Alors que constamment, sans répit, sans arrêt,
Les hautes mers déferlent seul pour ce que je suis…

Combien de temps encore l'ignorant brisera
Les supports si fragiles qui soutiennent mes pas ?
Combien de temps s'acharne Convention et sa horde ?
Ulysse même un jour retrouva son Ithaque…

La nature invoquée pour justifier le crime
Est cachée, reniée quand elle montre les failles
Des palabres absurdes de ceux qui tant achèvent
Leurs semblables aux nuances anticonventionnelles !

Hypocrisie, rongeuse, vampire de tant d'âmes,
Combien d'autres victimes subiront tes humeurs ?
Déplorable est l'union qui t'accorde au Mensonge,
Illusoire perfide qui anime les masses !

*Ars longa*, mais Malheur fit que *vita brevis*,
Ou peut-être est-ce mieux que nous soyons mortels,
Plutôt que la Bêtise habite notre monde
Sans l'heureuse finale offerte par Cronos !

## Genèse du chaos

Vois donc, vois donc, ma patience m'abandonne ;
Comme peau de chagrin, elle s'en va, elle n'est plus…

Muse de mes heurs que je croyais si loin,
Bienvenue dans ton antre, ma conscience, à jamais.
Te revoici, auteure de mes maux, de mes cris,
En ce jour ténébreux où la page en sirène
Tente ma main fébrile qui lui offre son fiel.

Vois donc, ma chère amie, le fléau qui s'abat
Et qui de moi éveille les plus vives humeurs…

Je te nomme témoin de l'échec de Patience
Qui tissait sans relâche l'ouvrage de ses guerres
Où l'épée et la lance étaient Léthé, Silence…

En ce jour où, repu, Arès rejoint la veille,
Je n'ai que faire du ciel et la nuit, magnifique,
Instille rébellion et querelle en mon cœur
Qui avec le chaos entend restaurer l'ordre.

Ma Muse Vespérale, rejoins-moi et observe
Le Cerbère qui, sans rennes, s'approche de la terre ;
Ma patience me quitte et, comme peau de chagrin,
Elle s'en va, s'amenuise et n'est plus aujourd'hui…

### Regreso esencial

Danaïdes, j'abhorre votre présent maudit
Qui prétend faire du pauvre un riche d'abondance.
À quoi bon l'apparence du plein – et ses efforts ! –
Si Chronos, impuissant, ignore l'heure finale ?

« Vois donc, vois donc, ma patience m'abandonne ;
Comme peau de chagrin, elle s'en va, elle n'est plus »*
Disais-je un temps à ma Muse, fidèle témoin
De l'impotence de Pax à calmer mon courroux
À une heure où les leurres irritaient mes espoirs.

Ainsi l'heure présente met encore à l'épreuve
Mes passions, plus tentées que les marins d'Ulysse
De céder à l'appel du vrai et des sirènes.

Sans relâche j'élève le tonneau lacunaire,
Seul outil de ma quête vaine depuis l'œuf
Et je tente toujours d'atteindre l'horizon,
De remplir la coupe abrégeant mon supplice,
Mais nulle eau ne saurait demeurer en l'outil
Dont les parois béantes annihilent ma quête.

Ma Muse, je t'entends me murmurer sans cesse
De revenir à toi, de revenir à moi ;
Je n'entends que trop bien ta plainte ruisseler
En larmes de suppliques devant ma perdition.

J'ai voulu en Icare m'éloigner de ton antre,
Voir plus près la lumière qui me semblait soleil
Et ainsi que l'Icare mes ailes sont brûlées
D'avoir trop caressé altitude et chaleur,
Abstractions de l'humain pour quoi je ne suis faite.

Ma Muse, n'oublie pas que j'aime l'expérience,
Mais ne sais oublier celle pour qui je bats.
Tu as su revenir habiter mes pensées
Alors que loin de moi j'errais sans âme ou cœur
– Je ne peux oublier les appels de ta voix.

Bientôt, ma Vespérale, bientôt je serai là,
Chaque jour et toujours je te serai fidèle,
Ô que j'aime l'humain et abhorre, Danaïdes,
L'arme de mes tourments par laquelle vous riez !

Vois donc, vois donc, Muse de mon essence,
Ma patience s'épuise, elle n'est plus, je reviens…

* *Genèse du chaos*, Why'z Panthera

## Ars longa

Certains vont par les plaines, certains vont par les monts ;
Certains usent des mots et d'autres de leur corps...

Auditif, émotif, visuel, digital,
Qu'importe si justice est faite à nos maux ?

D'aucun tient une plume et l'autre son pinceau,
La genèse du verbe est donc aussi multiple...

Et la plume et la flûte regardant l'une et l'autre
Accorderont leur voix verbale ou sensitive,
Et pinceau et tambour vibreront de consort,
Qui donc osa juger le corps illégitime ?..

Au diapason des sens chacun porte une flamme,
L'art de partager l'essence de tout être.
Au diable les egos imbus de leur paroisse ;
Ils ignorent combien les chants sont similaires !

Oser faire de sa voix, de sa plume, son pinceau,
De sa flûte, son burin, et bien d'autres encore
L'étendard des cœurs sans considérations viles ;

Vibrer par son essence, par l'être singulier ;
Chanter, peindre, écrire... Mais toujours crier...

## Apologie du Crime

Oubliez donc l'histoire, frères et sœurs d'infortune,
De siècle en siècle, toujours, achevez vos semblables
Sans égard pour ce leurre que l'on nomme respect !

La violence et la haine doivent être vos armes
Contre l'égalité des êtres dissemblables.
Qu'importent les soupirs de ces minorités
Qui dérangent l'ensemble et refusent leur sort !

Même si nul ne sait ce que veut la Nature,
Accusez ses enfants d'aller contre sa loi
Car leur sexe vous choque. – Et qu'importe l'amour,
Les conventions édictent la raison de nos cœurs !

Oubliez donc l'histoire et ses luttes vivantes
Contre l'ignominie ! - Que valent femmes ou Noirs ;
Qu'avaient-ils à vouloir le respect de leurs pairs ?
L'esclavage, d'ailleurs, n'outrageait que les Noirs !

Oubliez cette histoire où des femmes et des hommes
Ont souhaité de leur sang innocenter l'essence
Et ont porté au jour la nuit de Convenance
Adulée par des êtres aussi imparfaits qu'eux,
Qui n'ont la vérité ni du jour ni du soir !

Oubliez donc l'histoire et son lot de sagesses,
Qui amenuiseraient la haine qui vous meut !
Oubliez cette histoire qui a brisé vos chaînes,
Volonté vous perdrait d'achever vos semblables !...

### Au sortir de l'hiver

Oh soleil, combien de jours passés alors
À t'implorer encore de regagner ton trône ?
Combien d'heures et d'instants à défier Léthé
Qui au cœur de l'hiver achevait ta lumière ?

À l'instar de ces êtres transis et épuisés
Alors que sous la neige ils ne peuvent se mouvoir,
J'ai désiré ce jour où, revenant enfin,
Tu chasserais le froid et le gel si perfides.

L'hiver sur nos espoirs étend le voile noir
Du deuil des multitudes et des choses essentielles.
Il libère les maux de l'inégal ego
Attisés par les mythes des féaux de l'obscur.

Oh soleil, combien de souffles éteints hier,
Épuisés de lutter pour parvenir au jour ;
Et enfin aujourd'hui tu reprends ton empire
Et réduis à néant les relents de la nuit…

## So be it

If it is what it takes to be oneself, unlike,
If Faustus' end awaits for the enlightened eyes
Of the self who has learned through the pain in their bones
How despised are the ones to the use ill-fitting;

If it is what it takes to speak in one's own name
When the I comes from a mind unable to fit in
Because the winds and the sky gave them way too large wings;

If it is what it takes to claim respect and peace
For the ones made too odd for conventional fates,

Then let the bounds of smiles go, turn into pieces,
And let the dreaming hearts close their door to the real,
And let the familiar become unfamiliar,
Then let the self alone pave the road throughout life.

If it is what it takes to be true and be free,
So let the iron burn but make the self stronger,
So let the lonely soul claim the pain… Let it be…

### Mémoire de léthé

Je ne crains pas l'oubli et ses flots de léthé.
Je ne crains pas d'oublier tous mes rêves, mes espoirs
Qui ont un jour nourri bien des quêtes et projets.

Je ne crains pas d'oublier qu'un et un font deux,
Qu'un et un font deux, ou plutôt même trois,
Car toi et moi sommes plus, bien plus que nous deux,
Car toi et moi sommes l'infini du champ des possibles ;
Car vous et moi sommes l'autre et vous et moi sommes tout.

Je ne crains pas d'oublier qu'un jour j'ai vécu
Pour unir les pensées au-delà des frontières,
Pour construire des échelles, bien que dérisoires
Le long des pentes raides de Babel l'éternelle.

Je ne crains pas le jour même s'il m'annonce
Qu'il ne saurait tarder à inviter la nuit
Dans les méandres de ma mémoire…

Je ne crains pas l'oubli et regarde le jour
Et je lui dis prends tout, mes heurs, mes malheurs,
Car une chose demeure bien au-delà des mots,
Au-delà de Mnèmè et tous ses souvenirs :
J'oublierai vos visages, peut-être même vos voix,
Mais je saurai encore que j'ai vécu chaque instant
Comme une gemme d'éternité…

## Catharsis Need

Le silence est parfois un vacarme inouï
Quand on n'a le repos du simple d'apparence.
Ma Muse, écoute donc mes pensées épanchées,
Je veux aussi dormir de ce repos du simple.

Offre à mes doigts cette encre essentielle à mes maux,
Je veux remplir les pages de mes heurs et vider
Mon esprit qui réclame à grands cris catharsis.

Non, ta tâche n'est pas simple, ma Muse Vespérale,
Ta compagne du verbe n'est pas conventionnelle,
Elle t'impose d'entendre des récits à la marge,
Tapis dans la zone d'ombre de la nature-culture.

Ne te lasse donc pas, cependant, mon amie,
Je sais que mes récits ne sont tous enjoués,
Mais ils ont la vigueur d'une âme bien vivante
Qui vibre d'autant plus qu'on lui refuse la vie.

Mon silence est souvent un vacarme inouï
Et puis, je te dis tout de mes heurs, mes malheurs
Car je veux épancher mes peines sur nos pages
Et dormir du repos du simple, en apparence…

# SOMMAIRE